교사, 넌 오늘도 행복하니

교사, 넌 오늘도 행복하니

발행일   2022년 4월 25일

지은이   서화영, 김미나, 곽선아, 김민영
펴낸이   홍성일
펴낸곳   구름학교 출판사
출판등록 2017.08.16./제-2017-000009호
주소   경상남도 김해시 번화1로 79번길 4. 8층 구름학교
홈페이지 http://thecloudsschool.com/
이메일   gayoung@thecloudsschool.com
전화번호 055.333.6309

편집/디자인 (주)북랩
제작처   (주)북랩 www.book.co.kr

ISBN   979-11-967221-6-6 03370 (종이책)   979-11-967221-7-3 05370 (전자책)

교사, 넌 오늘도 행복하니

서화영 • 김미나 • 곽선아 • 김민영

10+N년 차 교사들의
성찰 에세이

구름학교

프롤로그

"왜 출근하세요?"

"교실은 선생님에게 어떤 공간인가요?"

너무 당연해서 한 번도 생각해본 적 없는 질문이 어느 날 훅 들어왔다. 질문은 하나의 발 구름이다. 누군가 발을 한 번 구르면 그 진동이 옆 사람에게 전해진다. 그 잔잔한 진동이 모여 움직임이 시작된다. 이 책도 그렇게 시작되었다.

지난 몇 년간 구름학교는 신규교사 캠프, 교사성장학교, 찾아가는 수업캠프와 같은 다양한 일들을 진행해왔다. 이름은 제각각이나 모든 모임은 질문에서 시작해 질문으로 끝이 난다. 혼자서 쉽게 해결할 수 없는 철학적인 질문들이 구름학교 창고에 쌓이기 시작했다. 더 이상 묵혀둘 수만은 없어 함께 힘을 합쳐 답을 찾아보기로 했다. 이를 위해 네 명의 교사가 모였다. 쌓여 있던 질문 중 20개를 찾아냈다. 그리고 두 사람씩 짝을 지어 같은 질문에 저마다의 방식으로 답해보기로 하였다.

2주에 한 번 글을 주고받고 화상회의로 의견을 나누었다. 철학을 깊이 있게 전공한 사람이 아니라 그저 평범한 교사들이었다. 우리가 20가지 질문에 조금이라도 다가서기 위해서는 진정성이 필요했다. 글을 처음 작성하는 순간부터 서로 피드백을 주고받으며 한 권의 책을 완성하기까지 질문 앞에서 진정성 있게 말하고 있는지를 고민하고 또 고민했다.

처음에는 다소 회의적인 부분도 있었다. 교사가 왜 학교에 가는지 꼭 생각해야 하는가. 이미 태어난 존재인데 왜 태어났는지 고민하는 것과 무엇이 다른가. 삐딱한 시선으로 답하기 어려운 질문에 툴툴거리고 있을 때 옆에서 "혹시….."로 시작해 다른 의견을 내는 작은 목소리가 들렸다. 다른 질문에도 마찬가지였다. 4명이 머리를 맞대어 다양한 생각들을 보태어 나갔다. 20개의 질문을 바탕으로 꼬리에 꼬리를 무는 생각과 물음표가 만들어지기 시작했다. 글을 쓰며 생각이 깊어졌다. 교실을 보는 교사의 눈도 깊어져 갔다.

서로의 글을 바꿔보는 과정은 신선했다. 같은 질문에 대한 답인데 사람마다 이렇게 다를 수 있다는 것이 신기했다.

다른 듯 같고 같은 듯 다른 대답이 서로의 마음에 울림을 느끼게 했다. 목 끝에 맺힌 말이 목소리로 터져 나오기까지 용기가 필요한 순간도 있었다. 글을 쓰는 과정은 혼자 이겨 내야 하는 것이지만 옆에 함께하는 동료들이 있다는 사실만으로도 생각을 좀 더 가감 없이 보여도 되겠다는 용기를 가질 수 있었다.

　이 책 속에는 20개 질문에 대한 교사 4인의 모습이 들어 있다. 꾸밈을 최소화하고 진정성 있는 모습을 보여주고자 하는 노력이 배어 있다. 우리의 민낯이 독자들에게 크게 어색하지 않기를 바란다. 그리고 편안하게 읽히길 바란다.

교실은 교사에게 어떤 공간인가. 교사라면 누구나 평생 마음속에 품고 살아가는 질문이다. 난해하지만 답을 찾으려고 노력하는 그 자체가 가치 있다. 그 노력의 곁에 이 책이 조금이나마 도움이 되면 좋겠다. 정답을 제시하는 것이 아니라 우리의 교실을 함께 고민하는 사람들이 있다는 것을 알리기 위해 용기를 낸다. 각자의 발 구름을 시작해보자. 작은 진동이 모여 큰 울림이 만들어질 날을 기대해 본다.

목차

1부 존재

4부

성장

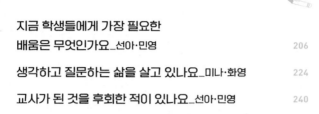

5부

삶

활활화영

마나미나

재미선아

아람민영

'나'의 이야기

마나미나

'아놔, 이놈의 잡생각…'

일기장에 종종 적는 말이다. 생각 없이 살자고 속으로 계속 외치며 살고 있건만 조금만 방심해도 어느 순간 나는 또 혼자서 동굴을 파고 있다. 내 성격은 원래 그렇게 걱정을 달고 산다. 동굴놀이 경력 사십 년이 넘은 건 강산이 네 번 변했단 뜻이다. 그동안 나도 '짬밥' 꽤 먹고 머리도 굵어졌다고 생각한다. 잡생각을 안 할 순 없지만, 적절히 끊을 줄도 알고 어떤 것은 잘 잡아 요리도 할 줄 안다. 생각이 끝없이 이어지면 스스로 허벅지 한 대 치고 정신을 차린다.

잡생각이 뭐 그리 나쁜가 싶어 실컷 하라고 놔둬도 본다. 소심함 대신 세심함으로 말해주고 싶은 마음이 크다. 나를 다 태울 정도로 볶아본 후에 겨우 생긴 자비다.

내가 근무하는 창원자유학교는 서로를 별칭으로 부른다. 교사와 교사, 교사와 학생 사이에 경계를 허물고자 하는 의도에서다. 나이와 사회적 위치를 따지지 않고 함께 학교를 운영해 나간다는 취지를 포함한다. 처음 별칭을 짓기로 한 때였다. 나와 닮은 별칭을 짓고 싶었다. '내가 나에게 지어주는 이름'이란 생각이 들어 욕심이 생겼다. 하지만 스스로 옭아맨 과한 의미 때문에 별칭 짓기에 앞서 수십 번 동굴 속을 오고 갔다. 한 달이 지나도록 아이디어가 떠오르지 않았다. 별칭을 찾고 싶은데 찾지도 못하고 혼자 멍때리고 있을 때였다. 이게 뭐라고 이렇게 성가신가 싶었다. 속에서 뭔가 부글거렸다. 짜증이었다. 나도 모르게 부산 토박이 특유의 욱하는 성질을 툭 뱉어냈다.

"쳇! 고마 나는 나지!"

어이없지만 마지막 그 말을 줄여 나는 마나가 되었다. 깊은 의미 없이 성질머리만 들어간 듯한 별칭이라 뜻을 말해야 할 때는 부끄럽기도 했다. 하지만 시간이 지나면서 나는 천천히 별칭에 정이 들었다. 그리고 지금은 '고마 나'인 마나가 참 좋다. 말이 씨가 된다고 하지 않던가. 남의 눈치를 많이 보고 사는 내가 마나라고 불리면서 남이 아닌 나의 눈치를 보기 시작했다. '내가 낸데'란 배짱이라곤 1도 없던 내가 자존이 무엇인지, 균형이 무엇인지를 생각해보게 되었다. 불리는 별칭 하나로 이렇게 인생이 크게 바뀌리라곤 생각하지 못했다. 불리는 횟수만큼 나는 서서히 변해갔다. 마나는 미나가 틀 밖으로 나오는 첫 시작이었다.

세상은 생각보다 재미가 있다. 그리고 생각보다 완벽하지도 않다. 완벽하지 않아서 어설픈 나도 할 것이 있다. 나로서는 고마운 일이다. 예전엔 걱정이 앞서 시작하는 것을 두려워했다면 마나가 된 후엔 용기를 내어 행동하는 짜릿함을 가끔 즐긴다. 물론 세심함이 소심함으로 변할 때도 있지만 그땐 차분히 앉아 '마나'의 의미를 떠올려 본다.

'쫄지 말고 그냥 대충 쏴!'

도쿄 올림픽 결승전에서 양궁 선수 안산이 한 혼잣말이다. 내 별칭과 닮은 말 같아 참 반갑다. 나도 계속 훈련하면 중요한 순간 나를 믿을 수 있지 않을까. 쉽진 않지만 쉬지 않고 도전 중이다. 언젠가 금메달 같은 순간을 꿈꾼다. 그리고 점점 별칭에 기대어 혼자 있어도 동굴로 들어가지 않는 시간을 늘려본다.

남들과 함께 있을 때는 아직은 쫀다. 다른 사람이 나를 어떻게 생각할지를 많이 걱정하는 편이다. 사람들의 마음을 알 수 없어 지레짐작하기도 한다. 밖을 향한 걱정은 결론도 없이 나를 괴롭힌다. 다행인 건 요즘은 걱정의 대상이 느리지만 조금씩 나로 바뀌고 있다는 것이다. 내가 한 말이 하고 싶은 말이었는지, 해야 하는 말이라서 한 것인지 곱씹어 생각한다. 어떤 요청에 무례하지 않게 거절하는 연습도 한다. 쉽진 않지만, 마음의 중심엔 미나를, 발걸음의 중심엔 마나를 두려고 노력 중이다. 있는 그대로 받아들이는 과정에 지금 내가 있다고 생각한다. 노력의 끝 어느 즈음에 나의 '나다움'이 남들과 있을 때도 어색하거나 주눅 들지 않을 날이 오길 바란다.

공자에게 마흔은 불혹의 나이라는데 마흔이 넘은 나는 아직도 왕성하게 흔들림의 전성기를 보내고 있다. 어쩌면 평생을 흔들리며 살지도 모른다. 그래도 나는 노력할 것이다. 그리고 생각할 것이다. 어떤 모양으로 흔들리는 것이 나다운 모양인지. 흔들림 속에 내가 무엇을 배울 수 있는지를. 그것만으로도 충분하다고 생각한다.

'마나'란 별칭은 깊은 고민에서 나온 것이 아니다. 오히려 '욱!'에서 출발한다. 그 가벼움이 나는 좋다. 내 본명과도 비슷하고 부르기도 쉽다. 그리고 결정적으로 단순하다. 내 별칭에 내가 점점 닮아가고 있다는 생각이 들면 기분이 좋다. 나는 단순한 삶을 살고 싶기 때문이다. 좋으면 좋고 싫으면 싫다고 말할 수 있는 사람이 되고 싶다. 그리고 편안해지고 싶다. 언젠가 내가 좀 더 성숙해지면 걱정도 단순하게 할 수 있겠지. 고마 나답게 살아도 괜찮겠지. 아직은 복잡한 미나가 마나에게 기대어 씩씩해지길 기대해본다.

재미선아

가치관을 드러내는 별칭을 정해야 한다는 이야기를 들었을 때 학창 시절 딱히 특이한 별명을 가져본 적이 없던 나는 좀 막막한 마음이 들었다. 그러다 나의 '이름'과 '가치관'이라는 단어를 생각해보니 번뜩 떠오르는 사건이 있었다. 고등학생 때 한문 선생님께서 자신의 이름 뜻풀이를 숙제로 내주셨는데, 친구들의 발표를 들으면서 점점 내 이름이 마음에 들지 않았다. 다른 친구들은 빛나고, 드높고, 영리한, 멋진 이름인데 나는 '착할 선'의 '예쁠 아'였다. '예쁘다'보다는 '착하다'가 마음에 들지 않았다. 착하게 보이고 싶어 애써 노력하는 삶을 살면서 언젠가는 그렇게 살지 않으리라 이를 악물던 내게 '넌 이름부터 착한 운명이거든. 포기해.'라고 쐐기를 박는 느낌이었기 때문이다.

그런데 성인이 되어서 놀라운 사실을 알게 되었다. 사실 내 이름을 지어주신 할아버지께서는 선녀를 뜻하는 '선아(仙娥)'로 지어주셨는데, 출생신고를 하러 갔던 고모가 그만 '착할 선'으로 착각해버렸고, 그렇게 나는 '착하고 예쁘다.'라는 뜻의 이름을 가지게 되었다는 것이다. 할아버지는 내가 선녀처럼 곱고 예쁜 아이로 자라길 바라셨나 보다. 그다지 착할 필요는 없었나 보다. 그러고 보니 내 이름이 좀 마음에 든다. '착할 선'이라는 한자어 때문에 지금껏 착한 어린이 콤플렉스에 빠졌던 게 아닐지 핑계를 대던 내게, 원래부터 넌 착할 필요는, 아니 그렇게 애써서 착한 '척'할 필요는 없었다고 위로해주는 듯해서.

과거로의 시간여행을 끝내자마자 불현듯 '재미'라는 단어가 떠올랐다. 남편에게 "내가 인생에서 가장 중요하게 생각하는 가치가 뭐지?"라고 했더니 남편은 아주 잠깐 고민하고 말했다. "음, 가장 중요한지는 잘 모르겠지만 어쨌든 재밌는 걸 좋아하잖아. 재밌으면 다 만족하고."라는 답을 해주었다. 와, 뭔가 텔레파시가 통하는 찌릿찌릿한 느낌. 그리고 타인에게도 내 모습이 그렇게 비친다니, 내가 나의 가치관대로 꽤 잘 살아온 것 같아 안도하기도 했다.

그렇다. 나는 모든 일에 재미를 느껴야 시작할 힘을 얻는다. 그리고 그 일을 해나가는 과정에서도 재미를 가장 중시한다. 프로이트가 말하지 않았던가. 인간의 본능 중 제일은 쾌락적 본능이라고. 나는 아주 인간적으로 사는 셈이다. 물론 내 인생에서 가장 힘들었던 교원임용시험 수험생시절에는 '재미'만으로는 안 된다는 것을 혹독하게 깨닫고죽자 살자 목숨을 걸어야 결판이 나는 일도 있다는 것을 느끼긴 했다. 하지만 결국 그 죽자 살자 목숨을 걸 수 있는 강력한 힘도 '재미'에서 출발하는 것임은 분명하다.

선생님인 내가 이런 가치관을 따르고 있다 보니 수업할 때도 재미를 위해 많이 노력하는 편이다. 인류의 영원한 테마인 사랑을 소재로 한 문학작품을 가르칠 때면 나의 흑역사를 마구 까발리며 이 한 몸 희생한다. 또 정말 수업 진도가 급하지 않다면 매 수업 시간에 보드게임이나 퀴즈, 팀별 게임 등을 통해 재미를 느끼면서 학업성취도도 올라갈 수 있도록 최선을 다하는 편이다.

진로를 고민하는 학생들과 상담할 때는 "네가 재미있게 할 수 있는 일을 찾아봐."라는 단골 멘트를 날린다. 물론 너무나 뻔한 멘트라 학생들에게 도움이 되는지는 자신 없지만, 내겐 그 말 외에 더 할 수 있는 말이 없다. 그 말보다 최선을 다한 말이 없어서다. 내 경험에서 우러난 진심을 100퍼센트 표현한 말이기 때문이다.

사실 나는 중학생 때까지 공부에 흥미가 없는 학생이었다. 어릴 때부터 천재 소리를 들으며 컸던 오빠의 영향으로 나는 부모님의 공부 잔소리에서 좀 벗어나 있기도 했고, 내게 공부는 너무나 재미없는 것이었다. 그래서 나는 당시 유행하던 PC게임을 하거나, 아이돌 덕질을 하면서 시간을 흘려보냈다. 그 상태로 고등학교에 진학했을 때 교사가 되고 싶으면 사범대에 가야 하고, 그러려면 공부해야 된다는 선생님의 뻔한 말이 하나도 와닿지 않았다. 하지만 좋아하는 시나 소설을 읽으며 누군가에게 이 감정을 공유하고 싶고 가르쳐주고 싶다는 생각은 꾸준히 했었다. 그리고 그 일은 매우 재밌을 것 같았다. 그래서 내가 재미있으면서도 평생 직업으로 삼을 수 있는 일을 위해서 공부해야 한다고 다짐했고, 최선을 다해서 노력할 수 있었다.

나는 진로를 고민하는 학생들에게 미래를 위해 일단 공부해 두라고 말하거나, 공부만 해놓으면 나중에 뭐든 할 수 있다는 말을 하지 않는다. 일단 그 '공부'가 안 되기 때문에 문제가 아닌가. 그래서 아주 집중적으로, 최선을 다해서, 자신이 무엇에 재미를 느끼는지 찾아오라고 한다. 관련 서적이나 다큐멘터리를 추천하기도 한다.

누군가 뜻을 제대로 말해보라고 하면 생각보다 쉽지 않은 단어인 '재미'의 사전적 의미는 '아기자기하게 즐거운 기분이나 느낌'이다. 우스갯소리지만 30대 여성 평균 신장에 못 미치는 내게 '아기자기'라는 말이 조금 잘 어울리는 것도 같다. 후후. 나는 이 뜻풀이가 참 마음에 들었는데, '아기자기'라는 말이 어떤 큰 즐거움과 큰 행운을 바라지 않는 나의 가치관과 딱 맞아떨어졌기 때문이다. 나는 그저 소박하게 즐거우면 된다. 매일같이 무서운 일이 일어나는 이 험난한 세상에서 나와 가족이 불행한 일을 겪지 않는 것만으로도 아기자기하게 즐거운 것으로 생각한다. 그리고 내가 노력한 일에 대해 아주 큰 성취나 즐거움을 얻지 못하더라도, 그 일이 모조리 수포로만 돌아가지 않는다면 나는 충분히 즐거운 기분을 느낄 수 있다.

사실 재미에는 '좋은 성과나 보람'이라는 뜻도 있다. 내가 재미라는 단어를 좋아하는 또 다른 이유이다. 아기자기하게 즐거운 기분을 느끼면서 과하지 않은 좋은 성과나 보람을 성취하고 먹고사니즘에 지장이 없는 돈을 벌 수 있다면, 이 얼마나 행복한 일인가! 100세 시대를 살아가며 돈도 명예도 꽤 중요하긴 하지만, 무엇보다 재밌는 일을 하는 것이 가장 중요하다. 그렇게 사는 사람은 그 누구도 부럽지 않은 삶을 살고 있다고 자신 있게 말할 수 있다. 그렇다, 나는 그 누구도 부럽지 않다. 앞으로도 내 삶에서 소소한 재미를 찾고 즐거움을 만끽하며 요렇게 신나게 살다가 이 한 세상 소풍을 끝내고 싶다. 나 아주 잘 놀다 간다고, 재밌게 해줘서 고마웠다고, 마지막 한 마디를 찐하게 남기면서.

활활화영

요즘 당근이 핫하다. 그 덕에 쉴 새 없이 휴대폰이 울려 댄다. 내가 필요로 하는 물건의 키워드를 설정해두면 해당하는 물건이 올라올 때마다 알림이 울리기 때문이다. 온라인 중고거래 장터를 시작한 지 이제 한 달, 물건 찾는 재미가 제법 쏠쏠하다. 내가 원하는 최적의 물건을 찾기 위해, 그리고 불필요한 시간 낭비를 피하기 위해 고심해야 하는 것이 있다. 바로 알림 받을 키워드를 30자 이내로 설정하는 작업이다. 그렇다면 나의 키워드는 뭘까?

나의 키워드를 스스로 명명해본 적이 없기에 먼저 지인들의 이야기를 통해 나에 대해 되돌아보아야겠다. 2019~2020학년도 대안교육기관에서 파견근무를 할 때 함께 기숙사 생활을 했던 교육지도사 선생님은 내가 어떤 행동이나 말만 하면 별명을 지어 부르시고는 책상 앞에 기록해 두셨다. 나는 평소 목소리도 크고 표현을 잘하는 편이다. 또한 의도치 않게 엉뚱하거나 허당 끼 가득한 모습으로 주변 사람들을 빵 터지게 할 때가 많아 별명이 줄을 이었다. 그러다 보니 1학기가 마칠 때쯤 선생님의 책상 한쪽 면이 내 별명으로 가득 차 있었다.

'서공직, 서열정, 서의욕, 서연구사, 서퐈영, 에너자이저 서, 활활화영'

타인의 목소리를 통해 들어본 나는 매사 열정적이며, 에너지가 넘치고, 내가 하고자 하는 일에 의욕적으로 임하는 사람이다. 나 스스로 그려보는 나의 모습 또한 주변 지인들의 시선과 크게 다르지 않다.

나는 '활활화영'이다. 한문을 부전공하여 중학교에 근무할 적에 한문 수업을 하였는데, 아이들이 모두 내 이름의 한자를 '火(불 화)'라고 말하였다. 그런데 이 이야기를 들은 지인들 또한 입 모아 그렇지 않냐고 되물었다. 수업이든, 학급 행사든 매사 나에게 주어진 일에 열정적으로 임하는 모습이 학생들에게는 활활 타오르는 불처럼 비추어졌나보다.

'활활화영'이 존재하는 밑바탕에는 '튼튼화영'이 있다. 개학 날 아침, 전날 코로나19 2차 접종을 한 터라 훈훈함을 자랑하는 우리 학년부 선생님들께서는 얼굴을 보자마자 첫 인사가 몸은 괜찮냐는 걱정의 말이었다. 나는 그저 씨익 웃기만 했다. 남들은 다 아프다는데, 약은커녕 너무나 멀쩡해서 민망할 지경이었다. 이러한 일은 한두 번이 아니다. 2015년 학년부 선생님들과 맛있는 회덮밥을 먹었다. 그런데 그날 오후 함께한 모든 선생님이 줄줄이 식중독으로 약을 드시고, 심지어 119 구급차를 불러 응급실까지 가셨다. 하지만 그 와중에도 나만 홀로 학교에 남아 태연하게 야자 감독을 했다. 참 감사하게도 부모님께서 건강하게 낳아주신 덕분에 어렸을 때부터 지금까지 입원이나 수술, 잔병치레 하나 없이 커왔다. 예민하지 않은 몸 때문인지 마음도 둥글둥글 모나지 않고, 내가 하고 싶은 일에 마음껏 에너지를 쏟을 수 있었다.

8년 전 학생들과 팀을 꾸려 도내 창의력 대회에 출전한 적이 있다. 2, 3차 본선이 8월에 열리다 보니 학생들을 비롯한 나까지 여름방학 동안 매일 학교에 출근하였다. 하루는 갑자기 교무실 불이 꺼지며 학생들이 생일 케이크를 들고 들어왔다. 그날 낮에 어린 조카가 전화 와서 생일 축하 노래를 불러주는 것을 듣고는 서프라이즈 생일 파티를 준비한 것이었다. 자신들도 방학을 반납하고 대회를 준비하느라 여념이 없었을 텐데, 나를 위해주는 마음이 너무 고마워서 아직도 잊지 못할 생일로 기억에 남는다. 그때 학생들이 이런 말을 했었다.

"우리들이 열심히 하지 않을 수가 없어요. 왜냐하면 선생님이 더 열심히 하시니깐요."

교직생활 8년 차에 들었던 학생들의 이 말이 내가 지금까지 교사로서의 삶을 살아오는 데 큰 지침이 되었다. 내 삶을 열정적으로 살아가는 것이 학생들에게 긍정적인 삶의 본보기가 될 수 있다는 것을 알았다. 학생들이 자신의 삶에 최선을 다할 수 있도록 교사로서 응원하는 방법은 그렇게 살라고 말하는 것이 아니라 내가 그렇게 사는 모습을 보이는 것이라고 생각했다. 그래서 그저 보여주기 식이 아닌 내 삶에 '진심'인 교사로 학생들 앞에 서야겠다고 다짐했다. 나의 '활활'이 학생들에게 삶의 불씨가 되었으면 한다. 학생들이 무언가를 하고 싶다고 마음 먹게 하는 작은 출발이 되었으면 좋겠다.

'열심히 근무하는 모습에 반했습니다.'
교감 선생님께서 우리 1학년부에 건네주신 금일봉 봉투에 쓰인 문장이다. 금요일 저녁 아홉 분의 선생님 모두 학교에 남아 자발적으로 신청한 연수를 받고 학년부실로 올라왔다. 원격주간이라 학생도 없는 우리 층에 교감 선생님께서 혼자 덩그러니 서 계셨다. 곧이어 학년부실로 함께 들어와 함박웃음을 지으며 봉투를 건네셨다. 나와 우리 학년부 선생님들의 열정을 알아봐 주시는 교감 선생님의 따뜻한 마음에 왈칵 눈물이 날 뻔했다.

파견근무를 끝내고 학교로 복귀하자마자 학년부장을 맡게 되어 걱정이 많았다. 그런데 우려와 달리 올해 나는 참 복이 터졌다. 자발적으로 수업탐구 전문적 학습공동체를 꾸릴 만큼 마음이 잘 통하는 학년부 선생님들과 항상 나를 격려하고 지지해주는 교감·교장 선생님과 함께하기 때문이다. 비록 업무가 고되고 해야 할 일이 산더미지만, 나는 오늘도 행복감으로 활활 불타오른다.

나의 '활활'이 동교 교사들에게 소박한 나눔이 되었으면 한다. 교사로서의 고단한 삶을 함께 견디어 내는 수많은 선생님께 내가 가진 열정과 에너지를 나누고 싶다. 그래서 나름대로 열심히 수업을 준비하고 이를 공유할 수 있는 기회가 생길 때마다 부족하나마 나의 모든 걸 아낌없이 꺼낸다. 그리고 학생들로 힘들어하는 주변 선생님들을 만나면 우렁찬 목소리로 있는 힘껏 수다를 떤다. 선생님의 마음속 이야기를 진심으로 들어주고, 그러다 눈물이 나면 울기도 한다.

마지막으로 나의 '활활'이 사랑하는 우리 아버지 서길문 님, 우리 어머니 김은숙 님께 삶의 행복이 되었으면 한다. 우리 동네에서 나를 모르는 사람은 아무도 없다. 아버지께서는 사람들을 만날 때마다 그들이 궁금해하지도 않는 내 이야기를, 더 정확히 이야기하면 내 자랑을 끝도 없이 하신다. 내가 교사로서의 삶을 열정적으로 살아가는 것이 부모님께 할 수 있는 가장 쉬운 효도이다.

내 이름의 한자는 和(화목할 화), 永(길 영)이다. 태어나기 전부터 이름을 고민했던 부모님은 결국 유명한 철학관을 찾아가 큰돈을 주고 이 이름을 지었다고 한다. 아직도 그곳에서 받아온 이름의 뜻을 풀이한 종이가 안방 서랍 속에 고이 보관되어 있다. 부모님의 사랑과 기대를 듬뿍 담고 있는 서화영이라는 이 이름이 나는 참 좋다. 나는 교직을 마칠 때까지, 아니 그 이후로도 영원히 '활활화영'이길 바란다. 나의 열정과 에너지를 주변 사람들과 나누며, 그들과 함께 화목한 삶을 오래오래 살고 싶다.

아람민영

"흔들지도 않은 밤나무 가지에서 남은 밤송이가 저 혼자 아람
이 벌어져 떨어져 내렸다."

황순원의 「학」中

백지를 펼치고 갖은 별칭을 적었다. 한 단어로 나를 표현
할 이름을 무엇으로 하면 좋을까? 내게 너무 무거운 이름
은 아닐까? 나를 한정 짓는 이름은 아닐까? 한가득 적어놓
은 낱말을 읽고 또 읽었다. 많은 이름이 저마다 개성을 빛
내며 존재감을 드러냈다. 크거나 작게, 의미심장하거나 피
식 웃음이 나게.

내가 스스로에게 붙이는 이름이라니 손가락이 절로 말
려든다. 마치 자신의 이름을 3인칭으로 지칭하는 자의식
과잉 상태 같은 느낌이다. 그래도 이 정도쯤은 붙여도 되
지 않을까? 이 낱말이 뭔가 모르게 끌리는데? 조심스레 호
주머니에서 이름 몇 개를 꺼내 우리 반 아이들과 나누는
대화창에 물어보았다. 아이들이 선택해주는 이름이 더욱
의미 있을 것 같았다. 후보는 세 가지였다. 울림, 아람, 금

(金)보따리.

아버지께서 지어주신 이름 민영은 울림소리로 이루어져 있다. 시인이신 아버지께서는 부드럽게 성대를 울리는 소리로 이름을 지어주고 싶었다고 하셨다. 토박이말로 하고 싶었지만, 당시에는 서류 등에 이름을 쓸 때 한자를 표기하는 경우가 많아 불편이 있을까 고민하셨다고 한다. 가을 하늘 민(旻)과 빛광채 영(瑛)이라는 한자를 가려내어 '가을 하늘에 빛나는 별'이라는 이름을 선사해주셨다. 별칭을 지으면서 아버지의 따뜻한 마음을 살리고 싶었다. 울림과 아람은 모두 울림소리로 이루어진 토박이말 이름이다. 금보따리는 수업할 때마다 보물처럼 수업 준비물을 챙기는 마음을 표현했다. 세 개의 이름 중 아이들이 가장 많이 선택한 이름은 '아람'이었다. 아이들이 불러주니 이름이 더 소중히 다가왔다.

아람. 탐스러운 가을 햇살을 받아서 저절로 충분히 익어 벌어진 과실을 뜻하는 토박이말이다. 자모음이 모두 울림소리로 이루어져 성대가 부드럽게 울리는 이름. 소리 내어 부를수록 탐스럽게 공명하는 이름. 아이들의 마음에 진심이 울리기를 바라는 마음도 담아본다. 이렇게 이름을 짓고 나니 두 손 가득 아람이 벌어진 열매를 감싸 안은 느낌이다. 풍요롭다.

차오르는 마음과 함께 과거로 돌아간다. 취미 칸에 '하늘 보기'라고 적어 넣던 아이였다, 나는. 아버지의 손을 잡고 걸어 다녔다. 가을하늘을 바라보고, 초록을 바라본 기억이 난다. 아버지는 이렇게 말씀하시곤 했다.

"민영아, 가을하늘에는 구름이 하나도 없을 때가 많아. 올려다보면 다른 계절보다 훨씬 더 하늘이 높게 느껴진단다. 자주 보다 보면 하늘이 얼마나 다양한 얼굴을 지녔는지 느끼게 돼."

"민영아, 이 잎을 자세히 봐. 색깔이 하나하나 모두 다르다. 이 나무 한 그루 안에 있는 잎들이 모두 같지 않아. 비슷하게 생긴 잎맥도 자세히 들여다보면 모두 다르게 생겼단다. 뭐든 자세히 들여다보면 더 새로워져."

아버지께선 항상 자세히 보기를 이야기하셨다. 시를 쓸 때는 항상 시의 소재로 삼은 것에서 가장 먼 것을 연상해보라고 하셨다. 거리가 먼 이미지들을 서로 연결하고, 사이의 여백을 상상하며 시를 써보라고 하셨다. 노트에 빼곡하게 시와 시조를 썼다. 글 쓰는 시간이 정말 행복했다. 글을 쓰는 동안 나는 누구의 방해도 받지 않는다. 누구도 내 세계에 침범하거나 간섭하지 않는다. 글을 쓰는 동안 나는 나로서 온전히 자유롭다. 책을 읽을 때도 비슷하다. 나는 책한 권에 흠뻑 빠지면 주변을 잊곤 한다. 물론 옆에서 누가불러도 못 알아들을 때가 있곤 해서 큰일이지만.

이 책을 쓰는 동안 교사의 자아와 개인의 자아를 많이들여다보았다. 두 자아가 서로 정면으로 마주 보기도 하고, 어깨를 나란히 맞대기도 했다. 서로 겹쳐 혼연일체가 되기도 하고, 한편으로는 멀찍이 떨어져서 한쪽이 한쪽을 슬픈눈길로 쳐다보기도 했다. 열 개의 낯선 질문들을 탐구하며나는 나조차도 미처 깨닫지 못한 어두운 심연까지 내려갔다 온 기분이다. 그래서 이 글을 묶어 한 권의 책으로 실어내는 일이 매우 부끄럽다.

여전히 나는 모순투성이에 부족한 사람이지만, 그래도쓴다. 이후에 후회할지도 모르지만, 낯부끄러운 이야기를이렇게 쓴다. 쓸모없는 글에 지나지 않을지 모르지만 그래도 좋다. 글을 쓰는 동안 자유로웠으므로, 그 자유 안에서 마음껏 아프고, 울고, 그리워했으므로. 열 편의 글을 쓰는 동안 나는 내 삶 전체에서 더 가벼워지고 자유로워지기로 결심했다.

틈만 나면 하늘을 보던 어린이 곁에 가만히 다가선다. 내 안의 어린이에게 "너는 자라서 결국 내가 되었구나." 속삭이듯 작은 어깨에 손을 얹고 함께 하늘을 올려다본다. 어른이 된 나는 조금 더 넉넉한 사람이 되고 싶다.

이제 내 곁에는 그때의 나처럼 먼 곳을 바라보며 꿈꾸는 사람들이 있다. 아이들은 서로 닮은 듯하지만, 한 명 한 명 모두 다르다. 아이들이 맺어가는 '아람' 또한 저마다 크기도 빛깔도 모양도 다르다. 아이들이 내면의 힘을 키우고 알알이 아름다운 열매를 맺어갈 수 있다면! 아무것도 하지 않은 채로 익어가는 아람은 없다. 뜨거운 햇볕, 촉촉한 빗줄기와 천둥 번개 소나기, 깊은 땅 밑에서 뿌리로 뻗어 오르는 대지의 힘까지.

아이들이 나와 함께하는 동안 좀 더 많이 읽고 쓰고 듣고 말했으면 좋겠다. 읽고 쓰는 행위를 통해 자기만의 공간을 형성하고 그 안에서 자유를 누릴 수 있으면 좋겠다. 듣고 말하는 시간을 통해 그 자유를 마음껏 표출할 수 있으면 좋겠다. 아이들 곁에서 자기만의 내면 공간을 소중히 가꿀 수 있도록 돕는 일, 그래서 함께 자유를 누리는 일. 이 일이 내가 할 수 있는 일이 아닐까? 그러면서 내가 정말 하고 싶은 일. 나는 오늘도 자유로운 하루를 갈망한다.

왜 출근하세요
왜 수업하세요
학생은 선생님에게 어떤 존재인가요
선생님은 학생의 성장을 어떻게 돕고 있나요

1부

존재

왜 출근하세요

활활화영

우연히 TV를 보다 '밥벌이 브이로그' 컨셉의 MBC 예능 '아무튼 출근!'이라는 프로그램을 보게 되었다. 다들 어떤 밥벌이로 먹고살고 있는지 남의 일터를 엿보는 재미가 쏠쏠했다. 내가 알지 못하는 新밥벌이의 세계부터 직장에서 느끼는 단맛, 짠맛, 매운맛까지 살펴볼 수 있었다. 만약 내가 출연한다면 나의 밥벌이는 어떻게 그려질까 문득 궁금해졌다.

나의 하루는 누구보다 길다. 새벽 6시에 기상하여 6시 35분이면 걸어서 7분 거리에 있는 학교에 출근한다. 교무실에 들어서서 가장 먼저 하는 일은 카페인 섭취이다. 그러나 이것은 여유로운 아침과는 거리가 멀다. 어떻게든 뇌를 빨리 각성시키려는 필사적인 몸부림이기 때문이다. 하루 종일 수업하고, 학생들을 챙기며 종종걸음으로 학교를 누비다 저녁을 먹고 나서야 밀린 업무를 보기 시작한다. 빠르면 저녁 9시, 바쁠 때는 밤 11시가 가까워서야 고단한 하루가 끝난다. 남들은 나를 걱정하며 왜 그렇게도 치열하게 사는지 무엇을 위해 그러는 것인지 의구심을 표현하기도 하지만, 나는 열정적인 삶 속에서 성장을 경험하고 그로 인한 희열을 느낀다.

그럼 나는 왜 학교에 출근하는가? 지금까지 단 한 번도 생각해본 적이 없는 이 물음을 마음속 깊이 던져본다. 마치 고요한 호수에 갑자기 던져진 돌멩이로 인하여 큰 파장이 일 듯 나의 마음에도 큰 울렁임이 일어난다. 꼬리에 꼬리를 무는 내 삶의 근원에 관한 질문들이 끊임없이 이어지기 때문일까.

내가 출근하는 가장 큰 이유는 바로 '일'을 하기 위해서이다. 예전에 읽은 '일'에 관한 책에서 경험의 축적이 인간의 깊이를 만들고, 바로 이러한 인간적인 성숙이 일을 잘

하기 위한 전제 조건이라는 글을 본 적이 있다. 호봉이 올라갈수록 이 말이 더욱 마음속 깊이 와닿는다. 교사로서의 삶 또한 누적될수록 어제보다 깊어진 내가 되고, 일을 잘하는 교사에 조금 더 가까워짐을 체감한다.

처음 교사가 되었을 때의 나보다는 현재의 내가 훨씬 좋다. 16년의 경험은 나를 인간적으로 성숙하게 하였고 비록 지금도 완벽하지는 않지만 좋은 교사이기 이전에 좋은 사람이 되려 애쓰는 중이다. 일을 통해 만난 학생, 학부모, 동료 교사들과의 인연은 때론 나를 고통과 시련 속에 처하게도 했지만, 그 덕분에 나는 더 나은 인간으로 성장할 수 있었다. 물론 내가 온 마음을 다해 열심히 일하는 과정에서 평생을 함께할 좋은 동료도 만날 수 있었다.

교사의 일은 참 기이하다. 다른 일과는 달리 인간 됨됨이가 일의 성패를 좌우하기 때문이다. 교육은 일이 아니라 관계라는 말이 있듯이 교사로서의 일은 한 인간이 학생, 동료 교사, 학부모를 만나 관계를 맺어가는 것이기에 인간적 성숙이 그 무엇보다 중요하다. 교사의 깊이가 더해갈수록 학생을 건강하게 성장시킬 수 있고, 동료 교사 그리고 학부모와 온 마음을 다해 소통할 수 있다. 교사는 학생들의 삶에 모범이 되고 그들에게 감화를 줄 수 있어야 한다. 이 깨달음을 항상 나의 마음속에 되새기며 살려고 노력한다. 앞으로도 나날이 깊어져 갈 나를 기대해본다.

내가 출근을 하는 두 번째 이유는 나에게 주어진 일에 '최선'을 다하기 위해서이다. 어릴 적부터 맡은 일에 책임감이 매우 강하고, 잘하고자 하는 욕심도 많은 탓에 매사 열심히 하는 아이였다. 이렇게 타고난 기질은 쉽사리 바뀌질 않아 지금도 많은 시간과 에너지를 일에 쏟아붓는다. 올해 처음 하게 된 온라인 수업과 학년 부장의 역할을 잘하고 싶은 마음에 아침에 눈 뜨자마자 출근을 서두른다. 2년간의 파견 근무로 잠시 학교를 떠나있다가 올해 다시 복귀하게 되었는데 교사로서의 내 일은 그 전과는 너무나도 많이 달라져 있었다. 학생들을 매일 대면할 수 없으며, 마스크를 낀 학생들은 이전보다 더욱 굳게 입을 다물고 있었다. 컴퓨터 화면 속 학생들은 모두 얼굴이 아닌 이름만 내걸고 있었고 이어폰을 통해 학생들의 목소리만 겨우 들을 수 있었다. 이게 다가 아니었다. 국어 교과서에 실린 5페이지 분량의 논설문을 47분의 동영상에 담아내기 위해 무려 5시간 동안 노트북 앞에서 녹화와 정지 버튼 누르기를 반복하였다.

나는 지금도 내 인생 최초의 온라인 수업을 잊을 수가 없다. 내가 수업 시간에 한 말이라고는 "여러분 내 말이 들립니까?", "안 보입니까?"가 전부였다. 지금도 그 이유는 알 수 없지만, 마이크가 어떠한 설정에도 활성화되지 않아 결국 채팅으로 출석만 부르다 끝나버렸다. 2021년 3월 5일 5교시 2학년 문학 개론 수업이었다. 수업이 끝난 후 느꼈던 내 일에 대한 좌절감은 그 무엇과도 비할 수가 없었다. 높은 온라인 수업의 벽을 제대로 실감한 나는 새벽 6시에 출근하여 밤 10시까지 쉬지 않고 수업 준비에 매달렸다. 동료 교사들은 작년부터 시작한 온라인 수업에 모두 최적화되어 있는데, 나만 뒤처지는 것 같아 더욱 조급해졌다. 게다가 올해 복귀하면서 예상치도 못한 학년 부장이라는 무거운 직책을 맡게 되었다. 나의 역량에 비추어 보았을 때 너무도 벅찬 일이기에 지금도 고군분투하고 있다. 나로 인해 이 300여 명의 학생과 여덟 분의 선생님이 혹여나 잘못되지는 않을까 하는 걱정에 더 열심히 일하게 된다.

내가 출근을 하는 세 번째 이유는 '행복'하기 때문이다. 만약 교사로서의 내 삶이 행복하지 않았다면 지금까지 이 일을 지속할 수 없었을 것이다. 어릴 적부터 꿈꿔 온 교사의 삶을 살고 있으니 나는 참 복 받은 사람이다. 교사로서의 내 일이 공공을 위한 의미 있는 것이고, 나에게 주어진 소명이라고 생각하기에 비록 그 일이 고단하더라도 나는 오늘도 출근한다.

나의 일은 돈이라는 가치로 환산할 수 없으며, 나에게 이 일은 덕업일치의 길이다. 덕업일치란 덕질과 직업이 일치한 다는 의미로 어릴 적부터 남을 가르치는 것을 즐기던 내가 지금은 그 일로 돈을 벌고 있다. 과연 자신이 좋아하고, 잘 하고, 즐기는 일을 직업으로 삼은 사람이 이 세상에 몇이 나 될까. 나는 그 몇 안 되는 행운아이다.

내가 정의하는 교사란 휴먼 크리에이터이다. 유튜브에서 자신이 좋아하는 분야의 동영상을 생산하고 업로드하는 사람들과 같이 교사의 일은 교육과 관련된 창조적인 콘텐 츠를 끊임없이 생산해 내어야 한다. 하지만 그 콘텐츠에는 정답도 없고, 하나의 길만 존재하는 것이 아니기에 교사 본인이 담고자 하는 가치에 따라 얼마든지 다양하고 창의 적인 내용을 담을 수 있다. 물론 교육은 인간을 대상으로 이루어지는 일이기에 교사는 인간적인 가치와 방향성을 지 향하여야 한다.

가끔은 일에 매몰되어 내가 교사라는 것도 잊고 살다가 문득 내 삶의 행복을 찾는 순간들이 있다. 교사의 삶, 그 본질적인 역할에 만족을 느낄 때 더할 나위 없이 좋다. 특히 교사의 일이 행복한 이유는 학생들과의 관계에서 얻을 수 있는 기쁨이 매우 크기 때문이다.

> 처음 선생님을 봤을 땐 엄청 무서운 분인 줄 알았어요. 하지만 수업을 해보니 설명도 잘 해주시고, 질문에도 친절하게 답해주셔서 친절한 선생님이라고 생각하게 되었어요. 이것도 감사한 일이지만 전 글쓰기 수행평가를 해주셔서 너무 감사해요. 전 정말 국어가 재미도 없고 실생활에 별로 필요가 없다고 생각했는데, 선생님과 수업하고 제가 직접 글을 써보니 잘 쓰지는 못해도 어떤 글을 쓸지 생각하는 과정이 너무 재밌었어요. 선생님이 '작가의 탄생' 수행평가를 해주시지 않았다면 전 평생 국어를 싫어하며 살았을 것 같아요.
>
> - 2021학년도 서창고등학교 1학년 윤서빈

난 오늘도 일하러 학교에 출근한다. 때로는 몸과 마음이 고단하여 지칠 때도 있지만, 이 일이 그리고 일을 통해 만난 인연들이 나를 행복하게 하기에 출근을 멈출 수가 없다.

마나미나

"고모는 학교에 왜 가?"

어린 조카가 내게 물었다. 나는 학교에서 내가 하는 이런
저런 역할에 관해 이야기도 하고 성과가 좋았던 일들도 자
랑하듯 말했다. 내가 뱉은 말이 조카에게 다가갈수록 조
카의 눈빛은 조금씩 멀어졌다. 고개도 갸우뚱거렸다. 조급
해진 마음에 좀 더 빨리 말을 해보았지만, 조카는 이내 흥
미를 잃고 고개를 돌렸다. 칼 같은 조카의 외면을 마주하
고 나서야 내가 하는 대답이 질문에서 벗어났다는 것을 알
아챘다. 당황스럽게도 나는 답을 모르고 있었다. 결국, 말
을 멈췄다.

조카의 질문은 순수하고 날카롭다. 따뜻하지만 정확하
게 나의 무지를 깨닫게 한다. 나는 정말 왜 학교에 다니는
걸까. 교직 시작 전에 답을 알고 있었어야 하는 거 아닌가.
머릿속 질문에 답하기 위해선 무지했던 지난 10년을 마주
해야 했다. 외면하고픈 순간이 떠오르면 생각이 또 길어졌
지만, 조카의 뒷모습을 생각하며 고리를 잘랐다. 조카의
눈빛을 다시 제대로 마주하기 위해 나는 단순하고 명확하

게 생각해야 했다. 단순한 것이 진리라는 말을 믿는다.

내가 학교에 가는 첫 번째 이유는 먹고 살아야 하기 때문이다. 나는 독립적인 삶을 살길 원한다. 여기엔 경제적인 부분도 물론 포함된다. 학교는 내 독립운동의 자금줄이다. 이번 달도 독립 만세를 외칠 수 있어 고맙다. 월급 메시지가 오면 숫자를 세며 습관적으로 속으로 묻는다. 이번 달도 월급 받을 만한 가치가 있는 교사였는가. 나만의 작은 의식 같은 거지만 이 질문은 교사가 되고 싶었던 과거의 간절함을 잊지 않게 해준다. 매달 당연한 듯 받는 월급이지만 늘 감사하게 받고 당당하게 쓰고 싶다. 열심히 일해서 받은 월급은 돈 이상의 가치를 가진다. 돈 앞에서도 당당한 교사이고 싶다.

내가 학교에 가는 또 다른 이유는 학생들이 있기 때문이다. 나는 기본적으로 학생들을 보면 기분이 좋다. 발그레한 볼도 예쁘고 겸연쩍어하는 사춘기의 표정도 사랑스럽다. 정체성을 찾기 위해 혼란스러운 시간을 보내는 모습을 보며 그 속에서 내 역할을 찾아보기도 한다. 교사는 학생을 관찰하는 사람이라 생각한다. 살펴보고 또 살펴보고 때를 기다린다. 질문이 들어올 때까지. 그리고 하고 싶은 것을 들고 찾아올 때까지 학생을 기다린다. 교사로서 상처도 받고 힘들 때도 많지만 기억상실증 걸린 듯 며칠 지나면 또 다시 학생들을 관찰한다. 바보 같은 줄 알지만 10년째 이러는 거 보면 나는 학생이 그냥 좋은 것이다. 학생들이 사춘기로 외로울 때 혼자가 아니라는 메시지를 기다림을 통해 전달할 수 있는 교사면 좋겠다.

학교에 가는 세 번째 이유는 배움이 중심이 되는 장소라 그렇다. 나는 배우는 것을 참 좋아한다. 하고 싶은 것이 있으면 그것 외에는 잘 생각이 안 날 정도다. 다행히 주변에 선생님은 많다. 내가 선생님으로 받아들이는 사람의 조건에는 나이가 제외되기 때문이다. 나의 열정을 예쁘게 봐주고 나보다 조금만 더 나은 실력을 갖추고 있으면 된다.

한 학생에게 우쿨렐레를 배운 적이 있다. 1년간 내가 쫓아다녔다. 처음엔 수줍어 했지만 나의 우쿨렐레 선생님은 시간이 지날수록 혼도 제법 내셨다. 다행히 나는 열심히는 하는 학생이었다. 우쿨렐레만큼 그 학생과의 관계가 재미있었다. 혼난 만큼 나는 영어 수업 시간에 '복수'를 했다. 서로 조심하는 묘한 관계가 형성됐다. 배움을 주고받는다는 것은 서로를 있는 그대로의 사람으로 보는 시간이라 생각한다. 그 관계가 생각 이상으로 재미있고 의미 있었다. 그 학생도 그 시간이 싫지 않았으리라 믿는다. 배움을 통해 더 재미있게 더 뜻깊게 사람을 만나는 삶을 살고 싶어 나는 학교에 간다.

우리는 배움으로써 세상 한 조각을 맛볼 수 있다. 절 구경하는 것을 좋아하는 나는 어느 절에서 돌에 한자가 가득 적힌 것을 보았다. 얼마나 중요한 정보가 있기에 돌에 새겼을까 싶어 안내해주신 스님께 여쭤보았다. 스님은 나의 진지한 표정에 살포시 웃음으로 화답하시며 옛날 양반들이 자기 이름 써 놓은 거라 하셨다. 머쓱하기도 하고 웃기기도 하면서 조상님들도 나랑 다를 바가 없다는 것을 확인했다. 나도 식당 벽에 '미나 왔다 감'이라 적은 기억이 있지 않은가. 그 뒤로는 돌에 새겨진 한자들이 그리 심각하게 보이지 않는다. 그저 나와 같은 사람들이 먼저 살다 간 흔적이라 생각한다. 역사란 이런 것들이 모여 움직이는 것이겠지. 아는 만큼 세상은 내게 새로운 것을 보여준다. 그리고 알고 있는 것에 깊이를 더해 준다. 배울수록 세상이 재미가 있다. 그래서 나는 학교가 재미있다.

교직은 봉사직이라는 주장도 있으나 나는 그렇게 생각하

지 않는다. 철없는 아이가 제법 괜찮은 어른으로 되기 위해 스스로 노력하는 사람이 교사다. 노력하는 삶을 학생들이 보고 배울 수 있도록 먼저 시도해보거나 학생과 함께 도전해보는 아이이자 어른이다. 성공할 수도 있고 실패할 수도 있다. 하지만 여기서 중요한 것은 노력한다는 것이다. 학생들이 노력하는 삶이 가치 있다는 것을 경험할 수 있도록 교사는 옆에 있어 준다. 뭔가를 깨닫는 학생을 보는 순간은 내 노력의 가치를 느낄 수 있는 시간이기도 하다. 함께 성장하기 위해 나는 학교에 간다.

"선재는 유치원에 왜 가?"

나도 조카에게 묻고 싶다. 어떤 대답이든 눈으로 하트 날릴 준비를 하며 기다리겠지만 조카의 대답은 나보다는 훨씬 짧을 듯하다. 뭐 그리 길게 답하냐는 듯 짧지만 명확하게.

"그냥 좋으니까 가지."

가끔은 일에 매몰되어
내가 교사라는 것도 잊고 살다가
문득 내 삶의 행복을 찾는 순간들이 있어.

활활화영

마냐미냐

"선재는 유치원에 왜 가?"
조카의 대답은 나보다는 훨씬 짧았어.
뭐 그리 길게 답하냐는 듯.
"그냥 좋으니까 가지."

왜 수업하세요

아람민영

중학교 1학년 아이들과 봄 사진을 찍고 '사진 시 쓰기' 활동을 하기로 했다. 교문 밖을 나서면 푸릇푸릇한 청보리밭이 보인다. 어디서든 '봄'을 발견하는 게 오늘 미션이었다.

"선생님, 전부 겨울인 것 같은데요."

한 아이의 말과 함께 우리는 걷기 시작했다. 길가 사이로 흐르는 개울 표면이 햇살을 받아 반짝인다. 목련 나뭇가지 사이로 새 소리가 들린다. "여기에 봄이 있지 않니?" 말하고 싶었지만 아이들이 스스로 찾아가길 바라며 그림자 뒤를 따라 걷는다.

멀리 한 그루 작은 매화나무가 보인다. 먼저 발견한 아이가 "와! 저기 봄이 있다!" 하며 신나서 달려가 사진을 찍는다. 처음 걸어갈 때는 보지 못했던 걸 돌아오면서 발견했다며 신기해하기도 한다. 몇 장만 더 찍겠다고 쪼그리고 앉아 사진을 찍는 아이들의 동그란 뒤통수 위로 햇살이 내린다. 예쁘다, 정말. 상투적이지만 너희를 사진에 담으면 그대로 그게 봄인데 왜 굳이 밖에서 찾으라고 했을까. 봄은 이미 우리 안에 있는 것을.

꽃을 바라보다가 두 해 전 어느 날이 떠올랐다. 한 아이가 글을 쓰면서 '매실나무'라는 표현을 썼다. 또박또박 정갈한 글씨로 학교 오는 길이 마치 여행을 떠나는 길과 같다고 쓴 글이었다. 아이의 글 안에는 '매실나무' 아래에서 친구들과 만나 밭두렁 옆을 걸어오는 등굣길 이야기가 담겨 있었다. 매실나무라니. 한 번도 써본 적 없는 단어였다. 내게 그 나무는 그저 '꽃이 핀 순간'에만 알아보는 매화나무일 뿐이었는데. 너에겐 이 나무가 열매 맺는 나무로 담겨 있구나 싶어서 그 단어가 풋풋하고 예쁘게 느껴졌다. 동글동글 보드랍고 알이 꽉 찬 연둣빛 매실처럼.

선생님이라는 이름으로 지내는 다섯 번째 학교, 4년째 우리 진전중학교 아이들과 함께하면서 아이들에게 꼭 당부하고 싶은 게 있다. 우리 학교에 대한 자부심을 꼬옥 가져달라고. 시골에서 나고 자란 스스로에 대한 자존을 소중히 여기자고. '명문대 ○명 진학' 현수막을 붙이는 대도시의 큰 학교, 지척에 아파트가 많은 학교, 자립형 고등학교, 특목고, 혁신학교 등 모두 나름대로의 가치와 의미가 있을 게다. 그런데 이제까지의 경험으로 볼 때, 자연과 함께 맑고 환한 미소로 살아가는 작은 학교가 미래학교라는 생각이 든다. 한 명 한 명에게 더 자주 눈을 맞추고 손을 내밀 수 있는 학교, 동일한 사이즈의 스냅백을 알아서 맞춰 쓰라고 하는 게 아니라 저마다의 다름을 존중할 수 있는 학교. 어둡고 힘든 일이 있을 때 함께 울어주는 오랜 벗들이 있고, 아픈 마음을 좀 더 찬찬히 헤아리며 기다려주는 다정한 어른들이 곁에 있는 학교. 나는 이곳에서 과연 무엇을 위해 수업하는가? 나는 왜 수업을 하는가?

교사가 된 이후 매일 수업하는 일상을 살아왔다. 수업을 하는 이유는 무엇일까? 나는 왜 매일의 시간을 아이들과 함께 수업하는 데 보내고 있을까? 무수히 많은 수업의 장면은 내게 어떤 빛깔과 무늬로 남아 있을까? 나는 긴 시간 교사로서의 삶을 살아왔지만, 우리 학교에 와서야 수업의 진정한 의미를 다시 생각해보게 된다.

나는 아이들을 '만나기 위해' 수업을 한다. 나의 삶과 아이들의 삶이 만나는 곳이 우리 교실이라 생각한다. 우리 교실 안에서 우리 모두는 좀 더 편안하고 안전했으면 좋겠다. 교사인 나의 부족함도 걱정 없이 표현할 수 있고, 아이들도 부족함을 두려워하지 않고 말할 수 있으면 좋겠다. 어떤 모자람은 오히려 더 큰 충만함이 될 수도 있음을 깨달을 수 있으면 좋겠다. 결핍이라 여겨 부끄러이 생각한 것이 오히려 더 큰 자랑이 될 수도 있다는 대화를 나눌 수 있으면 좋겠다. 일방적인 지식 전달이 아닌, 소통하는 수업의 의미에 대해서. 아이들 눈동자 하나하나를 마주 들여다보고 목소리에 귀 기울이는 노력의 가치에 대해서.

또한 나는 눈에 보이지 않는 것을 '알아차리기 위해' 수업을 한다. 무엇인가를 잘한다는 것은 그 분야에 대해 특별하게 민감하다는 의미이다. 아이들은 저마다 민감성을 지닌 분야가 다르다. 어떤 아이는 과학 실험을 할 때 열광하고, 어떤 아이는 그림을 그릴 때 열정적으로 심취한다. 교사의 시선에서 아이가 민감성을 발휘할 수 있는 분야를 발견하도록 돕기 위해서는 섬세한 관찰과 밝은 눈이 필요하다. 본인 역시 자기를 잘 아는 것이 중요하다. 자기를 잘 알려면 조용히, 깊이, 스스로를 돌아보는 시간을 충분히 가져야 한다. 돌아보고 성찰하는 과정을 통해 자기를 알아갈 수 있다.

그래서 나는 수업을 한다. 왜 수업을 하느냐는 너무나도 큰 질문 앞에서 먹먹해지는 마음으로 말하고 싶다. 나는 아이들과 함께 '살아가기 위해서' 수업한다고. 우리는 우리 안에 있는 진정한 자기 자신을 발견하고 알아차리기 위해서 배운다고. 일상 속에서 놓치고 흘러가기 쉬운 '알아차림'을 붙잡기 위해 애쓰는 게 끝없는 수업의 여정이 아닐까. 아이들의 성장을 알아차리고 마음을 읽어내기 위해 계속 관찰하는 교사가 되고 싶다. 교실이라는 공간 속에서.

'배움'이라는 글자를 가만히 들여다본다. 형태가 비슷한 단어들이 떠오른다. '비움, 채움, 틔움, 그리움……' 이 단어들은 기본형인 동사에 사동 접사 '-우-'가 파생된 단어들이다. 그렇다면 배움은 어떤 의미를 담고 있을까?

옛말에서는 사동 접사인 '-우-'를 단순한 사동으로 풀이

하지 않고, 주체의 의지를 담아 표현했다고 한다. '비다'가 '비우다'로 파생되면 비우려는 주체의 의지가 담긴 것이고, '차다'가 '채우다'로 파생되면 채우려는 주체의 의지가 담긴 것이라는 말이다. 그렇다면 '배우다'라는 말은 배우고자 하는 주체의 강한 의지를 드러낸 표현이 아닐까?

배움의 어원을 탐구해보니 그 어원을 '배다'라고 했다. 배우고자 하는 내용이 온몸과 얼에 배어들어 온전히 나의 것으로 합일되는 과정, 마치 어머니가 생명을 잉태한 것처럼 배운 내용이 내 안에 들어와 하나의 생명이 되어 나를 살리는 과정. '배다'의 의미를 생각하면, 배움이란 단순히 머리로 생각하고 지식으로 받아들이는 것이 아니라, 완전히 내 안으로 스며들고 배어들도록, 그래서 새로운 지식의 생명이 잉태되고 탄생할 수 있도록 품는 과정이라는 생각이 든다. 그리고 그러한 배움이야말로 진정 가치 있는 배움이 아닐까?

아이들의 몸과 마음에 배움이 배어드는 시간을 돌아본다. 아이들에겐 이 수업들이 어떤 의미로 다가갈까? 보이지 않는 아이들의 마음을 조금 더 헤아려보려 조금 더 아이들 곁으로 다가서 본다. 초등학교 때부터 늘 똑같은 친구들과 9년째 같은 반이라는 것에 아이들은 때로 주눅이 든다. 시골 작은 학교, 전교생 인원수가 너무 적다는 사실에 자주 자신감을 잃는다. 조금도 위축될 필요도, 의기소침할 필요도 없다. 주눅 들지 마, 그럴수록 더 당당하게 고개 들고 심호흡을 하자. 남의 시선이라는 건 결국 내 머릿속에서 만들어낸 허상의 시선인 경우가 훨씬 더 많으니까. 그리고 이만큼 좋은 학교, 이만큼 몸도 마음도 건강하고 훌륭한 아이들이 또 있을까. 보리며 옥수수며, 식물과 동물의 생장에 대해 우리만큼 생생하게 살아있는 경험담을 풀어낼 사람이 또 있을까. 우리처럼 똘똘 뭉쳐 한데 어우러질 수 있는 관계가 또 있을까.

책을 읽으며 배우는 과정이 단지 지식을 머리로 습득하는 것만이 아니라, 온몸과 얼에 배어드는 과정이 되기를 바란다. 교사가 이끄는 외적 억압의 세계가 아닌, 아이들이 스스로 선택하고 내적 욕구를 발현하는 교실이 되기를 꿈꾼다. 그리하여 더 열심히 자라고, 더 꿋꿋이 일어설 수 있는 용기를 가지는 공간이 되기를 희망한다.

코로나19가 우리의 시계를 멈추고 시간을 더디 흐르게 하는 이 시대에 한 명 한 명의 삶을 마주하는 작은 학교의 힘. 작은 학교에서 자라는 아이들이 지닌 힘. 그 건강하고 경쾌한 기운 덕분에 오늘도 힘이 난다.

공립학교 교사는 한 학교에서 5년까지 머물 수 있어서, 지내온 날보다 남은 날이 많지 않다. 아이들과 함께할 날이 하루하루 줄어가고 있기에 더욱 소중한 오늘. 내일도 모레도 팔을 쭉 뻗어 '오늘'을 품고 살아갈 테다. 만나고, 알아차리고, 함께 살아 숨 쉬면서 수업하기 위하여. 의기양양하게 어깨도 쫙 펴고, 마스크에 가려 보이지는 않겠지만 입꼬리도 환하게 활짝 올린 채로.

공부를 잘하는 사람 못하는 사람
하지만 못하고 싶은 사람은 없죠
잘하건 못하건 상관없어요
함께할 수 있어 즐거운 교실을 만들어요

틀려도 괜찮아 함께하는 거야
조금 더디다고 절망하지 말고
부족해도 좋아 꿈이 있어 좋아
우리 언젠가는 꽃이 될 거야 (활짝)

서툴고 부족한 우리지만 좋아

서로를 채워줄 수 있으니

너의 내일을 응원할게 네 인생을 꾸려가

그래 그러면 딱 충분해

〈언젠가는 꽃이 될 거야〉 (김민영 작사, 예영주 작곡)

재미선아

이 질문에 어떻게 답을 해야 할지 오랫동안 고민했다. 생각해보니 벌써 11년간 수업을 해오고 있는데 단 한 번도 그 이유에 대해 생각해보지 않았기 때문이다. 그럼 먼저 이렇게 질문해보자. 왜 나는 수업하는 직업을 선택했을까? 글쎄, 나는 어릴 때부터 누군가를 가르치는 것을 좋아했다. 아주 꼬맹이 시절부터 동네 친구, 언니, 오빠 할 것 없이 싹 다 모아놓고 남의 집 담벼락을 칠판 삼아 수업을 하곤 했다. 숙제를 안 해오면 손바닥을 때리기도 했다. 이 모습을 본 부모님은 떡잎부터 교사 될 팔자라는 것을 짐작했다고 한다.

나는 가르치는 것을 좋아하는 습성 탓에 유치원생 시절부터 늘 꿈이 '선생님'이었다. 단 한 번도 바뀐 적이 없다. 내가 아는 것을 남에게 알려 주고 남이 지금껏 모르던 세계에 한발 디디는 그 느낌이 좋았다. 좀 오버스럽지만 내가 마치 누군가를 다른 세계로 인도해주는 신이 된 느낌. 나는 지적 허영심이 심한 아이였고, 그래서 남들보다 최대한 많이 알고 싶었고, 또 그걸 다른 사람들에게 알려 주며 희열을 느꼈다. 그런 의미에서 이 직업을 잘 선택했다고 볼 수 있겠다.

그런데 곰곰이 생각해보니 앞선 답은 질문자의 의도와는 살짝 어긋나는 것 같다. 수업하는 직업이라 그런 것 말고 '왜'에 좀 더 방점을 찍어 답해본다면, 내가 몇 년이나마 먼저 미지의 길을 걸어간 선배로서 아이들의 시행착오를 조금이나마 줄여주고 싶기 때문이라고 대답할 수 있겠다.

선생님이라는 꿈을 이루고 나서부터 쭉 나는 인문계 고등학교에서만 근무했다. 아주 뛰어난 학업 성적을 가진 학생들은 아니었지만, 대체로 '공부를 잘해서 좋은 대학을 가고 나아가 좋은 직업을 가지고 싶은 학생들이 대다수인 학교'에서 근무했다. 그들 중 대다수는 중학생 때까지는 입시에 크게 관심이 없다가 고등학생이 되면서 마음을 다잡아 보려는 아이들이었다. 그러다 보니 졸지 않고 책상에 앉아있는 방법에서부터 어떤 과목을 공부하는 세세한 기술에까지 모든 것에 서툴러서 많은 시행착오를 겪었다.

사실 인간은 시행착오를 통해 많은 것을 배울 수 있다. 오죽하면 '실패는 성공의 어머니'라는 말이 있겠는가. 젊을 때는 많이 실패해야 한다는 말을 할 정도이니 말이다. 하지만 수없는 시행착오를 거듭하면서 계속된 실패를 경험하는 아이들의 대다수는, 상급 학년에 진급할 무렵 앞으로 더 나아갈 힘을 상실했다. 대학 입시의 '내신'이라는 제도는 3학년 1학기까지의 성적으로 이루어지는데, 1학년 전체 내신을 수많은 시행착오로 망쳐버리면 상급 학년이 되어 그것을 만회하는 것이 쉽지 않기 때문이다. 그렇게 실패에 익숙해진 아이들은 좌절해 버리고 만다. 결국 너무 많은 시행착오와 실패는 오히려 좌절감이 쌓이게 하고, 그렇게 누적된 좌절감은 이른 포기를 불러오기도 한다.

만약 대학 입시라는 제도가 '실패'를 귀하게 여기는 것이었다면, 나는 학생들에게 적극적으로 실패를 권유했을지도 모른다.

대학에서는 학년이 올라갈수록 성적이 오르게 되면 그 성장 가능성을 높이 평가한다고 말한다. 그런 측면에서 보면 실패에 어느 정도 관대한 것 같긴 하지만, 그건 꽤 드문 일이다. 현실은 처음부터 성적이 꾸준히 좋은 학생을 가장 선호한다. 실패를 거듭하다 보면 학년이 올라갈수록 성적이 내려갈 수도 있는 일 아닌가. 정말로 대학 입시가 실패에 관대하다면 그런 점에 불이익이 없어야 할 것이지만 현실은 전혀 그렇지 않다.

안타까운 아이들을 곁에서 지켜보면서 나는 공부에 관해 좀 더 적극적으로 노하우를 전수해줄 필요를 느꼈다. 이전까지의 나는 교사와 학생이 거의 동등한 위치에 있어야 한다고 생각했고, '본인이 겪어야 진정으로 깨달을 수 있다.', '많이 실패해야 자기 것으로 만든다.' 등의 명언들을 맹신하고 있었다. 물론 이 명언들이 맞는 말이라는 것은 분명한 사실이다. 그러나 '적당한 실패'라는 것이 중요하다. 너무 많은 실패를 겪으면 재기를 위한 조금의 힘마저 남아 있지 않게 된다. 그래서 병아리 선생님 시절에는 지식을 전수하는 수업을 최소화하고 주제를 던져놓고 그 속에서 자유롭게 자신만의 방법을 찾고 지식을 탐구해보는 수업을 많이 했다면, 이제는 내가 겪은 시행착오들을 공유하고 실패한 방법을 택하지 말라고 알려 준다. 또 더 나은 길을 제시하기도 하고 무에서 유를 창조하고 깨닫는 수업보다는 일정 부분 내가 틀을 정해주고 그 안에서 자신의 것을 만들어가는 수업을 하고 있다. 대학 입시라는 괴물이 버티고 있는 인문계 고등학교에서는 현실감 없는 이상만으로 수업할 수 없다는 것을 뼈저리게 느꼈기 때문이다.

입시에 치중하여 이야기했지만 사실 모든 면에서 그렇다. 연애, 취업, 인간관계 등에 있어서도 나의 학생들이 되도록 적게 실패하기를 원한다. 아니 좀 더 솔직히 말하면 이토록 살기 힘든 세상에서 오히려 한 번도 실패하지 않는 인생이 가장 좋은 인생이라는 생각도 든다. 실패한 뒤 다시 일어서기가 너무 힘들기 때문이다. 먼저 인생을 살아본 사람으로서 어디에는 장애물이 있고, 그 방법은 위험할 수 있음을 조언해준다면 인생에서 단 한 번도 실패를 경험하지 않고 행복하게 살아갈 수 있지 않을까? 물론 그 길로 나아간다고 해서 꼭 실패한다는 보장 같은 건 없지만 말이다. 그럴 확률이 높다고 먼저 알려 주는 것이 교사의 역할이라고 생각한다. 그럼에도 불구하고 그 길을 선택하는 것은 아이들의 몫이다.

나는 '실패의 신화'와 '아프니까 청춘이다.' 따위의 말들로 아이들을 길들이고 싶지 않다. 실패와 아픔에 익숙해지라고 말하고 싶지 않다. 내가 걸어온 인생길이 그리 길지 않지만 나의 학생들은 나의 단물을 쪽쪽 빨아먹고 최소한의 실패와 최대한의 성공을 했으면 좋겠다.

✱
배움이 지식을 머리로 습득하는 것을 넘어
온몸과 얼에 배어드는 과정이 되길 원해.
학생들이 스스로 선택하고
내적 욕구를 발현하는 교실이 되면 좋겠어.

✱
너무 많은 시행착오와 실패는
오히려 좌절감을 쌓이게 할 것 같아.
누적된 좌절감은
이른 포기를 불러오기도 하니까.

학생은 선생님에게 어떤 존재인가요

재미선아

    배운 게 도둑질이라 선생질밖에 할 수가 없는데, 학생이 없으면 내가 먹고살 길이 없어지니까 학생은 나에게 꼭 필요한 존재다. 이렇게 말하면 아주 성직자적인 교사관을 가지고 있는 사람은 '무슨 선생님이 저따위야?'라고 비난을 퍼부을 수도 있겠다. 하지만 이것은 아주 솔직한 내 심정이다. 우리나라 출생률이 낮아지면서 여러 가지 우려가 쏟아지고 있는데, 나는 그런 속에서도 '아, 아이가 줄어들면 당연히 학생이 줄어들 건데. 학교가 사라지면 난 뭘 먹고 살아야 할까.'라는 걱정을 가장 먼저 했으니까. 그래서 학생은 내가 먹고살기 위해 꼭 있어야만 하는 존재이다. 하하. 그런데 사실 학생만 있으면 내가 반드시 '교사'로서 존재할 수 있는 것은 또 아니다. 그래서 나는 때때로 학생들이 두렵다.

그들이 학생이라고 해서 내가 반드시 교사일 수 있는 것은 아니다. 그들이 나를 교사라고 인정해줘야만 교사일 수 있는 것이다. 직업인으로서의 교사가 아니라 학생들이 마음으로 우러나 '교사'라고 불러주는 것 말이다. 아주 훌륭한 선생님이라고 평가받고 싶다거나, 평생을 잊지 못할 선생님으로 남고 싶다는 큰 욕심은 없다. 그래도 그들에게 성인이 되어서 한 번쯤은 생각나는 선생님이고 싶고, 자신들을 좋아해 준 선생님으로 기억되고 싶다.

좀 더 속마음을 말해보자면 수업을 잘하는 선생님이라는 수식어도 탐난다. 그러려면 나는 부단히 나의 마음을 갈고 닦아야 하고 수업 연구도 많이 해야 한다. 교사도 사람이라는 합리화를 하지 않기 위해서는 나를 힘들게 하는 학생들 앞에서도 부처 같은 평온함을 유지해야 하기 때문이다. 수업 연구라는 것도 그렇다. 11년이라는 얼마 안 되는 경력으로 쉿소리를 하는 것인가 싶지만, 내가 11년 동안 느낀 것은 물론 학생도 중요하지만, 교사의 노력 여하에 따라 수업의 내용이 천차만별로 달라질 수 있다는 것이다. 그 말은 대충 수업해도 그럭저럭 넘어갈 수 있다는 뜻도 된다. 내가 아주 열심히 밤새어 수업 준비를 할 수도 있지만 그렇지 않고 수업 시작하기 1시간 전에 관련 내용을 쭉 훑어만 보고 들어가도 수업이 '가능은' 하다는 것이다. 물론 수업 연구에 힘 쏟는 교사의 수업과 질적 차이는 말할 것도 없다. 또 졸음을 피할 길 없는 학생들의 흔들리는 머리채와 나를 은근히 무시하는 눈초리를 덤으로 얻게 된다.

그 사실을 거꾸로 생각해보면, 내가 시간을 들이는 만큼 학생들이 나를 인정해 준다는 뜻도 된다. 그래서 나는 그들의 평가가 두렵다. 이 두려운 마음이 나의 발전에 도움이 되는 것은 분명하다. 그들이 두렵지 않다면 나의 노력의 강도도 약해질 것이기 때문이다. 그저 학생들을 건성으로 대하고, 대충 수업한다 해도 사실상 큰 문제가 발생하지 않기에 그저 직업만 교사인 채로 살아가기가 참 쉬운 것 같다.

그렇다면 나는 학생들이 나의 밥벌이 수단이며 또 두렵기만 한가. 물론 그것은 아니다. 내가 학생들을 생각할 때 가장 많이 떠올리는 단어는 '행복'이다. 공리주의자 벤담의 '최대 다수의 최대 행복'이라는 말도 있지 않는가. 나도 행복, 학생도 행복, 에브리바디 해피. 아, 생각만 해도 좋다. 학생은 나에게 행복해지게 만들고 싶은 존재이다. 어쩌다 보니 나는 아주 운 좋게도 몇 년째 여고에서 근무하고 있는데 그러다 보니 근무 난도가 좀 낮은 편이다. 말썽을 부리거나 내가 학교를 그만두고 싶을 정도로 괴롭히는 학생도 없다. 그래서 모든 학생이 일정 수준 이상 다 예뻐 보이고 사랑스럽다. 공부한 만큼 성적이 안 나오는 학생을 보면 마음이 너무 안타깝고, 인생에 아무 낙이 없다는 듯 책상 앞에 턱을 괴고 앉아있는 학생을 볼 때면 내가 뭘 어떻게 해야 저 아이를 행복하게 만들 수 있을지 고민에 빠지기도 한다. 담임선생님도 아니지만 그 아이를 불러서 요즘 무슨 일이 있냐고 계속 묻고 싶어진다.

나는 다수의 행복을 추구하고 싶다. 나의 존재가 미약해서 사실 누군가를 행복하게 만들어주는 것은 불가능할지도 모르지만, 그래도 학생이나 교사나 집에서보다 학교에서 더 많은 시간을 보내고 있으니 바로 여기, 이곳, 지금 이 학교에서 최대한 행복해야 한다는 생각에 변함이 없다. 그러므로 내가 할 수 있는 한 최대한 노력해서 그들을 행복하게 만들어주고 싶다. 그게 부처 같은 평온함을 가지려는 마음 수양이 되었든, 수업 잘하는 교사가 되기 위한 수업 연구이든 간에 나는 결코 노력을 끝내지 않을 것이다. 그로 인해 아주 조금이나마 나의 학생들이 행복할 수만 있다면.

아람민영

"학교에 오고 싶었던 날은 하루도 없었어요. 단 한 번도
선생님이라는 사람을 좋아해본 적이 없어요."

　여자고등학교에 근무할 때였다. 내가 맡은 업무 중 기초
학력업무가 있었다. 학업성취도평가에서 기초학력 미달을
제로화하라는 요구와 함께 기초반 개설을 위해 시험 결과
에 따라 교실마다 아이들을 한 명씩 찾아다녔다. 아이들을
집단적으로 모아서 기초학력 미달이라고 말하는 건 도무
지 할 수 없는 행동이었다. 쉬는 시간마다 아이들을 한 명
씩 복도로 살짝 불러내어 상황을 설명하고 기초반 수업을
수강할지 확인했다. 대부분 아이들은 절대 수업을 듣고 싶
지 않다고 거부했다. 바로 그때 들었던 말이었다, 이 말은.
아이가 그랬다.

"학교에서 듣는 정규수업도 싫은데 보충수업은 더 싫어
요. 기초반이라니 진짜 싫어요. 학교도 졸업만 하려고 그냥
다니는 거예요."

　아이는 결국 졸업을 했다. 아이는 분명 노력했을 것이다.

빠지지 않고 매일 학교에 나왔다. 학교가 버거운 아이들이 매일 등교하는 일은 결코 쉬운 일이 아니다. 그렇지만 국어 수업 시간에 아이의 얼굴을 보기는 어려웠다. 늘 엎드려서 자고 있었기 때문이다. 흔들어 깨워본 적도 많지만 아이의 어깨는 너무나 무거웠다. 새벽까지 아르바이트를 했고, 학교는 그냥 나온 거다, 제발 깨우지 말아달라고 했다. 아이에게 졸업은 과연 어떤 의미였을까?

아이의 고백은 나를 참 많이 아프게 했다. '선생님'이 싫다는 말 때문이 아니라, 그 어떤 좋아할 이유조차 찾을 수 없어서, 학교라는 공간 안에서 그 어떤 의미도 찾을 수 없어서 하는 말이라는 생각이 들었기 때문이다.

리베카 솔닛은 《멀고도 가까운》에서 '어떤 감정이입은 배워야만 하고, 그다음에 상상해야만 한다.'라고 하였다. 이해할 수 없는 상황을 이해하는 힘은 어찌 보면 배워야만 하는 게 아닐까. 아이들의 입장과 내 입장이 상충하는 순간마다 아이의 입장을 생각하면서도 아이를 도와야 할 나의 역할에 대해 이중으로 선을 그리며 상상한다.

아픈 손가락들이 있다. 참 많은 아이들이 있었고, 무수한 관계들이 있었다. 당시 나는 학적 업무도 맡고 있었는데, 아이들과 부모님 상담을 거쳐 자퇴 서류에 도장을 찍었다. 본인의 의지가 확고하여 자기 나름의 계획을 세워 학교 밖으로 나간 이후를 준비한 아이도 있었다. 그렇지만 대부분, 학교 부적응이나 가정 상황 등으로 인한 자퇴가 더 많았다. 자퇴를 하기 전에는 학업중단 숙려제를 꼭 시행한다. 학업중단 숙려제란, 학업중단 위기 학생에게 전문 상담 및 체험 프로그램을 제공해 학교 적응을 돕고 학업 중단을 예방하기 위해 실시하는 제도이다. 그 과정에서도 돌이키기엔 이미 어려운 마음들이 많았다. 떠나간 아이들은 어떻게 살았을까? 또 어떻게 살아가고 있을까? 나름대로 자신의 삶을 꾸려나가며 어찌 되었든 살고 있겠지 생각하기도 하지만 떠올리면 그저 암담한 마음이 든다.

내게 학생은 어떤 존재인가. 그렇다면 과연 나는 학생들에게 어떤 존재인가. 내가 아이들에게 기대하는 것과 아이들이 내게 기대하는 것 사이에 서서 우리의 관계를 다시 조망해본다.

단 하루의 시간만 돌아보아도 나는 아이들과 저마다 다른 관계를 맺는다. 누구와는 다정한 하루를 보내고, 누구와는 힘찬 하루를 보내고, 누구와는 아픈 하루를 보내고, 누구와는 실랑이하는 하루를 보낸다. 하루 안에 아이들 숫자만큼의 하루들이 공존한다.

떠나간 학생들에 대한 아픈 마음을 안고 나름대로 노력한 시간이 있었다. 마음 맞는 몇 명의 선생님과 함께 '청소년, 세상과 미래교실을 꿈꾸다'라는 제목으로, 청소년 캠프를 도전했다. 줄여서 '청.세.미' 캠프를 매년 기획하여 진행한 것이다. 하루의 시간과 공간을 하나의 커다란 게임판처럼 구성하여 주제를 온몸으로 체험하고 변화와 성장을 도모하는 빅게임 형식의 캠프였다.

매년 긴 고민과 회의를 거쳐 "나는 내 삶의 주인으로 살아갈 수 있는가?", "비행청소년 되기 프로젝트-새들은 나는 게 재미있을까?" 등의 큰 주제를 정했다. 다양한 미션들을 해결하는 과정을 통해 자기 삶의 주도성을 회복하고 버텨내는 힘과 버텨낼 수 있는 용기를 가질 수 있기를 바랐다. 자발적으로 신청한 청소년들과 함께 정말 즐거운 하루들을 보냈다. 아이들은 "처음엔 혼자서 낯선 친구들을 만난다고 생각하니 설렘보다는 걱정이 많았다. 하지만 나 자신을 믿고 용기 내어 참가해보니, 활동적인 프로그램이 많아 생각보다 친구들과 금방 친해질 수 있었다."라고 이야기했다. 또한 "청소년 빅게임 시간에 9개의 비행 과정에 참여하며 내 안에 숨겨진 힘을 발견하게 되었다. 오늘 이 시간이 살면서 문득문득 기억날 것 같고, 힘든 시간을 버텨내게 도와줄 것 같다."라는 후기들이 고마웠다. 준비하는 시간과 노력이 정말 많이 들었지만, 뭉클하게 두근거리던 시간이었다.

캠프를 함께 준비하던 선생님들은 저마다 학생들과의 관계에 있어 아픈 마음을 품고 계셨다. 특히, 학교 밖 청소년들에 대한 애틋함 때문에 캠프의 신청 범위는 '학교 안팎 청소년들'이었다. 그러나 캠프를 진행한 몇 년 동안 학교 밖 청소년은 결국 한 명도 참여하지 않았다. 청소년센터 등에 직접 홍보하지 않은 것도 아니었지만, 막상 보이지 않는 선은 안에서보다 밖에서 더욱 진하고 굵어 발을 들이기 쉽지 않았던 것으로 추측했다. 더구나 진행하는 선생님들이 결국 학교라는 테두리 안에 있다는 점도 하나의 한계점이 아닐까 생각했다. 열린다는 것은, 나의 마음이 열려서 해결되는 것이 아니었다. 상대의 마음이 열릴 때까지 더 많이 배우고 더 넓게 상상할 수 있어야만 가능한 일이었다. 우린 아직 그만큼 감정이입을 배우지 못했고, 그만큼 상상하지 못했다. 우리는 그 지점에 있어 우리의 한계를 인정했다.

다시 스스로와 주변을 돌아본다. 내게 학생이란 어떤 존재인가를 다시 한번 질문한다. 과연 우리는 어떤 관계이며 내가 학생에게 줄 수 있는 것은 무엇인가. 함께하는 동안 우리가 느끼고 생각하고 누리고 나눌 수 있는 것은 과연 무엇인가.

배움의 공간이 경계선 안이든 밖이든 관계없이 우리는 결국 세상을 향해 나아갈 것이다. 그 세상에서 우리 각자는 자기만의 세계를 형성하며 살아가게 될 것이다. 결코 평탄하지도 않고, 평탄할 수도 없을 길을 걸어가겠지만 그저 안온한 양지만을 이야기하거나 갇힌 지식만을 주고받고 싶지는 않다. 어둡고 험한 길, 상처받고 아픈 길을 걸어 나갈 때에도 잃지 않을 수 있는 한 가닥, 한 줄기의 힘을 기르는 시간을 함께하고 싶다.

여전히 나는 학교라는 테두리 안에 서 있다. 그렇지만 이 안에서 내가 할 수 있는 일이 분명 있다고 생각한다. 또한 세상으로 나아가는 순간이 꼭 '졸업'이라는 이름을 지녀야 한다고 생각하지만은 않는다. 그보다 더 중요한 것은 우리가 함께하는 동안 조금이라도 더 살아갈 힘을 길러나가는 일, 그래서 우리가 처음 만났을 때보다 좀 더 성장한 모습으로 마지막 인사를 나누는 일이라 여긴다. 손을 내밀고 부대끼며 곁을 내어주는 사람, 함께 배우고 나아가는 관계. 그렇게 나는 나의 정체성을 다시 한번 생각하며 오늘도 하루를 살아간다.

✱
그들이 학생이라고 해서
내가 반드시 교사일 수 있는 것은 아니야.
그들이 나를 교사라고 인정해줘야만
교사일 수 있다고 생각해.

✱
배움의 공간이 경계선 안이든 밖이든 관계없이
우리는 결국 세상을 향해 나아갈 거야.
그 세상에서 우리 각자는
자기 세계를 형성하며 살아가겠지.

선생님은 학생의 성장을 어떻게 돕고 있나요

마나미나

작년에 집에서 콩나물을 키웠다. 그릇에 콩을 넣고 네 시간 간격으로 물을 줬다. 뒤돌아서면 자라있는 콩나물을 보며 콩보다 내 호기심이 더 자랐다. 도시에서 나고 자란 탓에 작물을 직접 키워보는 것은 처음이었다. 덮어둔 검은 천을 쓸데없이 몇 번을 들어봤는지 모른다. 덕분에 햇볕이 많이 들어와 콩 머리가 연두색이 되어버렸지만 그래도 콩나물은 콩나물이었다.

콩나물에 대한 자신감이 뿜뿜 생겨났다. 호기심이 발동했다. 화분에 콩을 심었다. 며칠이 지나고 콩이 갈라지며 잎이 나왔다. 퇴근하면 늘 화분 옆에 와서 잎이 어떻게 생겼는지 보고 또 봤다. 햇볕을 향해 몸을 돌리고 있는 것이 참 신기했다. 눈코입도 없고 먹는 것은 물뿐인데 나보다 하루를 더 열심히 사는 듯했다. 콩을 친구삼아 혼잣말도 하며 내 하루도 반성했다. 콩을 수확했을 때도 물론 좋았지만, 그동안 같이 있었던 시간이 나는 더 좋았다.

나는 학생도 콩이라 생각한다. 작은 움직임으로 세상과 마주한다. 교사는 기다리는 사람이다. 그 작은 움직임을 기다린다. 조금씩 자극도 주고 농담도 던진다. 물을 주고 기다린다. 스스로 생각하고 행동할 기회도 준다. 흙에서 나올지 말지 팔을 뻗을지 말지는 학생들이 결정한다. 여기서 제일 중요한 것은 학생들이 바깥세상에 흥미를 느끼기 전에 내가 먼저 다가가지 않아야 한다는 것이다. 잘 기다려주지 못하면 학생도 연두색 콩나물이 되어버릴지도 모른다. 성질 급한 나에겐 쉽지 않은 시간이다. 기다림의 끝이 안 올 때도 있다. 그래도 참고 기다린다. 궁금하다고 흙을 후벼 파면 씨앗은 마음의 문을 닫을 것이다.

내가 학생을 기다리는 이유는 씨앗은 각자의 속도를 가지고 있기 때문이다. 콩이 각기 다른 속도로 자라듯 학생들의 시간도 모두 다르다. 교사의 시간은 아직 눈에 보이지 않는 학생들의 모습을 읽으려고 노력하는 시간이다. 잘 기다리기 위해 나는 경험 많은 동료 교사에게 질문하기도 하고 학생들에게 직접 묻기도 한다. 책도 읽고 토론도 한다. 길고 지루하긴 하나 그래도 나에게는 기다림의 길이 맞는 것 같다. 학생들이 흙 속에서 충분히 답답해할 때까지 기다려준다. 학생이 크는 만큼 나도 기다림 속에서 자란다.

나는 관찰하는 사람이다. 씨앗을 보고 또 본다. 무얼 찾는가. 싹이 트는 순간이다. 똑같은 교복을 입었지만, 학생들은 다 다르다. 어떤 싹을 가졌는지 알 수 없다. 그렇다면 어떤 손짓이든 제대로 반응해주기 위해 계속 보고 있을 수밖에 없지 않을까. 있는 듯 없는 듯 늘 옆에 있어 주는 사람, 말할 용기가 생겼을 때 편안하게 말을 받아주는 사람. 학생에게 그런 교사가 되고 싶다.

그래서 친구 같은 교사를 꿈꿨다. 옆에서 늘 편안하게 있어 주는 친구. 나에게 잘 맞는 교사의 모습이라 생각했다. 다행히 지금도 그 마음은 그대로다. 여전히 학생들과 경계를 크게 두지 않고 학교생활을 하고 싶다. 그런데 가끔 학생들을 보면서 내가 출발을 잘한 건지에 대한 이런저런 의문을 품을 때도 있다. 친구 같은 교사는 친구인가, 교사인가. 학생과 나 사이엔 우정이란 것이 있어도 되는 걸까. 이건 교사의 권위를 없애는 생각인가. 교사의 권위는 무엇인가.

열심히 기다리고 열심히 관찰했건만 아이러니하게도 그러했기 때문에 나는 친구 자격을 잃는다. 어떤 목적을 가지고 학생에게 접근했기 때문이다. 그 의도가 좋다 하더라도 친구처럼 순수하지는 않다. 그래서 나는 인정해야 한다. 교사는 친구가 아니라는 것을. 교사는 교사다. 가끔 학생들에게 편안함과 여유를 주고 싶은 내 마음이 집착으로 변하면 학생들은 어김없이 교사로서의 나를 버리고 선을 넘는다. 마음을 다치는 순간이고 나의 편안함과 여유가 없어지는 순간이다. 집착과 관심은 한 끗 차이지만 천지 차이다. 서로의 자리는 인정받고 지켜야 함을 잊어서는 안 된다. 그래서 나는 친구 같지만, 친구가 아닌 교사를 꿈꾼다.

그럼 교사는 학생과 우정을 나눌 수 있을까. 내 대답은 'Yes'이다. 함께 있을 때 성실한 모습을 보인다는 것은 그 시간을 아낀다는 증거이다. 함께 있을 때 즐겁다는 건 그 시간이 의미 있다는 뜻이다. 순간이 모여 끈끈한 무언가가 생겨난다. 나는 그것이 우정이라 생각한다. 세대와 사회적 위치가 다른 교사와 학생이 우정을 나누기는 쉽지 않다. 더 큰 노력과 시간이 필요하다. 하지만 가끔 학생과 이런 느낌을 공유할 때 나는 세상에서 제일 행복한 교사가 된다. 그렇다면 일단 도전해도 되지 않을까.

　나는 학생의 성장을 어떻게 돕고 있는가. 기다리며 관찰하며 옆에 있어 준다. 학생들이 내 옆에서 편안해지길 바라며 기다린다. 나에게 교사로서 권위가 조금이라도 있다면 그 이유가 기다림에 대한 제대로 된 해석이 가능하기 때문이면 좋겠다. 제대로 잘 기다릴 수 있을까. 아직 나만의 정확한 기준이 없어 기다리며 헤매는 나를 본다. 학생을 기다리는 만큼 나도 나를 기다려야 한다. 얼마나 기다려야 할지 알 수 없지만, 그 시간이 가치가 있을 것이라 믿는다. 시간이 모여 콩 하나가 여러 개의 콩을 만든다. 함께하는 시간 속에 학생을 바라보며 나도 학생도 각자의 씨앗을 만들 수 있길 바란다.

활활화영

'사람이 온다는 건 / 실은 어마어마한 일이다. / 그는 / 그의 과 거와 / 현재와 / 그리고 / 그의 미래와 함께 오기 때문이다'

정현종의 시 〈방문객〉의 한 구절이다. 이 시에서 이야기 하듯 학교에는 무수히 많은 일생이 존재한다. 교사가 바라 보고 있는 것은 한 학생의 현재이지만, 교사는 그의 과거 와 미래도 함께 볼 수 있어야 한다. 왜냐하면 학생의 현재 는 무수히 많은 과거가 누적되어 형성된 것이기에, 학생의 과거를 이해하지 못하고는 그의 현재를 오롯이 받아들일 수 없기 때문이다. 미래 또한 마찬가지이다. 학교는 교사와 학생이 만나 관계를 형성하는 곳이기에 교사는 학생의 미 래에도 영향을 미치게 된다. 그래서 교사는 학생의 보다 나은 미래를 위해 과거의 학생을 이해하고 현재의 학생과 적극적으로 소통하여야 한다.

그렇다면 교사가 도와야 할 학생의 '보다 나은 미래'는 구체적으로 어떤 모습을 의미하는가? 철학자이자 교육학 자인 존 듀이는 학교는 작은 사회이며, 학생들이 사회생활 에 필요한 의사소통 기술과 윤리적 가치를 체득해 민주사회를 이룰 수 있게 하는 가장 중요한 공간이라고 보았다. 궁극적으로 학교는 학생들이 우리 사회의 건강한 구성원으로 살아갈 수 있도록 미래 사회 시민을 길러내는 곳이며, 이를 위해 학생들이 갖추어야 하는 것은 '주체적으로 살아가는 힘'과 '함께 살아가는 힘'이다. 인간은 자기 결정성에 따라 삶을 스스로 선택할 수 있어야 한다. 또한 사회는 더불어 살아가는 곳이기에 타인과 긍정적인 관계를 맺기 위한 역량도 필요하다. 학생들이 이러한 힘을 갖춘 공동체의 일원으로 성장하기 위해 교사로서 내가 하는 실천을 '교육과정-수업-평가-기록'의 측면에서 소개해보고자 한다.

첫째, 학교, 학생, 지역사회 등 다양한 맥락을 고려하여 주제 중심으로 교육과정을 설계한다. 세상에 똑같은 학생은 단 한 명도 없다. 쌍둥이라 하더라도 각 개인의 고유한 특성이 존재한다. 심지어 교사인 나 또한 항상 변화한다. 그래서 나는 학기마다 수업을 둘러싼 다양한 맥락을 살펴보고 새로운 주제로 교육과정을 설계한다. 국어 교과는 본질적으로 언어를 대상으로 하고, 언어는 타 교과의 도구가 되기 때문에 진로, 인성, 환경 등 다양한 영역과 통합 교육이 가능하다.

매번 고3 담임할 때마다 학급에서 만나는 아이들이 무엇이 되겠다는 말만 하는 것이 짠하게 느껴졌다. 사실 살다 보면 중요한 것은 '무엇'이 아니라 '어떻게'라는 생각이 많이 든다. 그래서 2018년 문학 수업시간에는 아이들이 어떤 사람이 되고 싶은지를 충분히 고민할 수 있는 시간을 만들어주고 싶었다. 그래서 학생들이 무엇이 되기 위해서가 아닌 어떻게 살 것인지를 생각할 수 있도록 교육과정을 재구성하여 수업을 설계하였다. 무엇이 되겠다는 취직만을 꿈꾸는 학생들에게 건강한 직업의식과 직업윤리라는 가치를 심어주었다.

어릴 때 할아버지께서 태워주시는 소달구지를 타고 자연을 누볐다. 그리고 작년까지 2년간 면 소재지에 있는 교육청 직속 기관에서 파견 근무를 하며 매일 밤마다 숙소에서 별을 보며 살았다. 나에게 자연은 학습하지 않아도 아름다운 존재이다. 그렇다면 우리 아이들에게 자연은 어떤 의미일까? 2005년생인 1학년 학생들은 아파트에서 나고 자라며, 흙을 밟을 일이 거의 없다. 학생들의 삶 속에 환경이 들어갈 틈이 없다. 그 결과 자연을 두렵고 무서운 존재로 인식하며 벌레가 보이면 죽여 버린다. 특히 코로나19로 사회적 거리두기가 실시되면서 학생들이 자연환경과의 상호작용이 더욱 부족해져서 자연환경에 대한 공감적 정서가 많이 떨어진다. 그래서 올해는 온·오프라인을 병행한 국어 수업 시간에 환경체험, 환경예술, 환경윤리, 환경 프로젝트를 기록하고, 감상하고, 주장하고, 사고하는 과정 중심 수행평가를 설계하였다.

둘째, 학생들이 자신의 삶과 연계하여 자기주도적으로 배움을 실천할 수 있는 수업을 디자인한다. 공자의 말 중에 '들은 것은 잊어버리고, 본 것은 기억하고, 직접 해본 것은 이해한다'라는 말이 있다. 2018년에 근무하게 된 지역은 외국인 노동자가 많은 곳이었다. 외국인들이 무리지어 다니고 쓰레기를 무단 투기하여, 학생들은 그들을 부정적으로 바라보았다. 그래서 이주노동자 가족의 열악한 노동 현실과 삶의 애환을 담은 김재영의 책, 《코끼리》를 읽고 인물들이 처한 삶의 맥락을 이해한 후 그들을 돕기 위한 리플릿을 다양한 언어로 제작해보았다. 그리고 법의 보호를 받지 못하는 농축산업 이주노동자들을 위한 인권 밥상 차리기 서명에도 동참하였다. 한 달에 걸친 온책 읽기와 질문 만들기 게임을 통해 학생들은 타국에서 살아가는 이주노동자들의 입장에 공감할 수 있었다. 그리고 이주노동자들의 인권이 보호받지 못하는 현실이 청소년 근로자인 자신의 문제 상황으로 이어지며 소외된 계층의 노동 인권을 지키기 위한 근로기준법 개정 활동도 진행하였다.

노동 인권을 주제로 수행평가를 통해 학생들은 이주노동자들을 더 이상 무섭고 두려운 존재가 아닌 우리와 함께 더불어 살아가야 할 이웃으로 포용하는 태도를 보여주었다. 이후 미술 선생님과 함께 몇 달에 걸쳐 학교 외벽에 이주노동자들의 언어로 그 나라 전래동화를 열심히 그리고 있는 아이들의 모습을 보면서 나의 외침이 아이들의 마음에 닿은 것 같아 따뜻함을 느꼈다.

2020년에는 대안교육기관에 근무하고 있어 매우 탄력적인 수업 운영이 가능했다. 농촌사회로 고령화가 심각한 곳이었는데, 마을 할머니들을 위하여 학생들이 직접 그분들의 삶을 응원하는 문구를 캘리그라피로 써넣어 한지 부채를 만들어 드렸다. 또한 구제역으로 인한 살처분 문제를 다룬 유리의 그림책 『돼지 이야기』를 읽고 학생들과 함께 우리가 할 수 있는 일들을 찾아 나섰다. 그래서 더운 여름날 지역 사회에 위치한 동물보호 센터를 방문하여 마스크를 낀 상태에서도 열심히 봉사활동에 임했다. 4시간 동안 견사를 청소하고 개들의 먹이와 물을 챙겨주고 강아지들과 산책도 하였는데 땀범벅이 되고도 힘들다는 내색 한마디 하지 않는 학생들을 보면서 대견함을 느꼈다.

올해는 코로나19로 인한 온라인 수업의 장점을 최대한 살려서 방구석에서 랜선환경체험기를 작성하는 수행평가를 실시하였다. 학생들이 평소에 가보고 싶거나 가본 적이 있는 아름다운 환경을 랜선으로 여행한 뒤 기행수필을 작성하여 Google Earth의 프로젝트에 추가함으로써 1학년 학생들의 환경 체험기를 담은 랜선 지도가 완성되었다.

셋째, 백워드 설계를 통해 위 수업 활동들은 모두 과정중심 수행평가로 활용한다. 백워드 설계에서는 교육활동을 목표-평가-내용-방법의 순으로 구성하며 평가가 중심이 된다. 수업 시간에 학생들이 과제를 수행하는 과정 및 그 결과물을 직접 관찰하여 평가에 반영한다. 이때 교사는 수업 활동을 교육과정의 성취기준에 따라 구성하여 프로젝트로 진행하고 이를 수행평가에 반영하는 것이 좋다. 그리고 이를 위해서는 교사가 사전에 최대한 치밀하게 수업을 설계하고 평가 계획을 수립하여야 밀도 높은 수업이 가능하다.

나의 경우 가장 고민이 되었던 부분은 타당하고 합리적

인 평가 기준을 세우는 일이었다. 특히 고등학교 평가의 경우에는 대입과도 직결되기에 아이들의 암묵적 동의를 얻어내는 것이 필수이다. 내가 수차례의 과정형 수행평가를 실시하면서 얻은 노하우는 학생들이 최대한 수업 과정에 참여하는 것에 의의를 두고, 성취기준에 가장 부합하는 본질적인 활동과 그 결과물에 대해서만 점수를 부여하는 것이다. 나 또한 처음에는 모둠에 대한 일률적인 점수 부여와 무리한 평가 일정으로 학생들의 원성을 사기도 했다. 하지만 프로젝트 진행 경험이 누적될수록 과정형 수행평가에서는 유연한 채점 기준이 필요함을 깨닫게 되었다.

마지막으로 수업 중 관찰과 평가를 토대로 모든 학생에 대해 학교생활기록부 교과의 세부능력 및 특기사항을 기록해 준다. 나는 이것이 의무화되기 전인 2017학년도부터 수업하는 모든 학생에 대해 기록해 주었다. 고등학교에서는 학교생활기록부가 학생들의 진학에도 영향을 끼칠 수 있기에 학생 개개인의 진로를 고려하여 개별 학생의 수업 참여를 유의미하게 기록해 주어야 한다. 특히 올해 수업하는 고등학교 1학년부터는 학교생활기록부의 독서, 수상, 개인 봉사가 대입에 미반영되고, 자기소개서, 추천서가 폐지되면서 교과의 세부능력 및 특기사항이 더욱 중요해졌다.

비단 나뿐만 아니라 대한민국의 모든 선생님이 학생들의 성장을 위해 교육과정-수업-평가-기록에 이르는 일련의 활동들을 자신의 수업 철학에 따라 유의미하게 운영하고 계신다. 지금 이 순간에도 학생들의 성장을 위해 땀 흘리고 있는 모든 선생님을 응원한다.

✳
내 교사로서의 권위는
학생에 대한 기다림에서
출발하면 좋겠어.

✳
학교에는 무수히 많은 삶이 존재해.
교사가 바라보고 있는 것은
한 학생의 현재이지만,
교사는 그의 과거와 미래도 함께 볼 수 있어야 해.

선생님의 역할 얼굴 중 스스로를 괴롭히는 것이 있나요
학생들로 인해 행복한가요
학교생활 중 어떤 순간이 가장 기억에 남으세요
선생님의 수업은 어떤 가치를 담고 있나요

2부

안녕

선생님의 역할 얼굴 중
스스로를 괴롭히는 것이 있나요

아람민영

나는 연극반이었다. 오디션은 경쟁이 치열했다. 신들린 듯 연기하는 친구들의 모습을 보면서 감탄했다. 그 팀에 일원으로 들어갈 수 있다면 정말 재밌을 것 같았다. 그렇지만 앞에 서서 연기를 해낸다는 것은 정말 어려운 일이었다. 연극반이 될 방법이 있을까? 나는 연기 분야가 아닌 극본으로 연극반 오디션을 통과했다. 납작한 종이에 적힌 이야기를 여러 사람의 힘을 합해 무대 위에 입체화하는 과정은 색다른 경험이었다.

한 편의 연극을 올리는 데에는 준비할 일이 많았다. 선생님께서 큰 나무 합판을 구해와 톱질과 망치질을 하시더니 단단하게 세워지는 무대 배경을 만들어주셨다. 친구들과 함께 스케치하고 아크릴 물감으로 칠해 무대를 만들었다. 각색, 그림, 소품, 음악, 분장, 때로는 엑스트라 역할도 맡았다. 배우가 아니니까 내 몫으로 오는 일이 많았다. 그렇지만 전혀 고달프지 않았고, 설레고 재미있었다. 정말 하고 싶은 일이었고, 이 시간이 나에게 의미 있고 즐겁다고 느꼈기 때문이다.

누구에게나 소중한 추억이 있을 것이다. 추억들을 하나씩 쌓으며 우리는 어른이 되었다. 어른이 된다는 것은 사회적 역할이 늘어간다는 의미를 내포한다. 특히, 직장생활과 결혼생활이 다양한 역할과 관계를 마인드맵에 가지 뻗듯이 늘려가게 만든다. 담임, 국어 교사, 직장 동료, 엄마, 아내, 며느리, 딸, 동생, 친구, 독서 모임 운영자…. 그 외에도 내가 지닌 많은 포지션이 계속 떠오른다.

역할 얼굴 중 스스로를 괴롭히는 것이 있느냐는 이 질문. 처음 이 질문을 접했을 때, 이 문장은 분명한 의도를 내포하고 있다는 생각이 들었다. 답하는 사람이 분명 많은 역할을 수행하고 있고, 괴로움을 느끼는 부분이 있을 것임을 전제하고 있기 때문이다. 이 질문을 붙잡고 나의 힘듦을 호소하고 싶은 생각도 들었다. 그런데 반대로 그렇게까지 괴로워하고 있는 것만은 아니라고 항변하고 싶은 모순된 마음도 동시에 일어났다. 그래서 나는 더더욱 현재 나의 역할과 이를 수행하는 내 모습을 최대한 멀찍이 떨어져서 관찰하듯 보려고 노력했다.

많은 역할 이름 중에서 가장 큼직한 글자로 뚜렷이 다가오는 역할은 두 가지다. 직업인으로서의 교사가 수행해야 할 역할과 엄마로서의 역할. 이 두 역할은 서로 유사성이 높다. 교육과 양육은 자신보다 어린 대상에게 도움을 건네는 역할이라는 점에서 연결되기 때문이다.

다만 이 두 역할은 시간을 두고 다투곤 한다. 원거리에 있는 학교까지 가기 위해 새벽부터 출근 준비를 하다 보면 엄마의 역할을 소홀히 하게 되는 스스로를 채근하게 된다. 시간이 바쁘면 서둘러 대충 밥을 차려주고 뛰어나오기도 한다. 직장에 있을 때 아이가 울면서 전화하거나 아이가 아프다는 소식을 들으면 당장 달려갈 수 없어 발을 동동 구를 때도 있다. 업무가 많아 바쁜 날에는 "엄마 지금 바빠.

네 일은 스스로 하면 좋겠어. 저녁에 만나자."라고 단호해
지는 순간도 있다.

그렇지만 나는 이 역할들을 사랑한다. 나는 내가 우리
아이들의 엄마라는 사실이 좋다. 또한 나는 내가 우리 학
생들의 선생님이라는 사실이 좋다. 이 두 가지가 시침과 분
침 사이에서 흔들릴 때도 있지만 그래도 나는 내 역할들을
사랑한다. 그러나 아무리 사랑해도 괴롭지 않을 수는 없는
법일까? 사랑엔 고통이 공존한다. 역할들 사이에서 괴롭다
면 그 이유는 어디에서 기인하는 것일까?

역할이 의무가 되는 순간을 경계한다. 좋아서 하던 일도
의무감이 무겁게 드리워지면 좋아하는 마음이 희미해질
수 있다. 하고 싶어서 시작한 일도 무리한 요구와 체력적인
부담으로 인해 전혀 하고 싶지 않은 일이 될 수 있다. 어떤
일을 하든 모든 게 즐겁고 순탄할 수만은 없다.

어떤 역할이든 역할을 수행하는 과정에서 '기쁨의 비율'
이 중요하다고 생각한다. 역할을 수행함으로써 얻는 즐거
움이 역할로 인해서 다가오는 괴로움보다 더 크기를 바란
다. 긍정적인 요소가 부정적인 요소를 상쇄하고도 남을 때

우리는 그 역할에서 충분한 안정감과 기쁨을 누릴 수 있고 자신의 자존을 지킬 수 있다고 믿는다. 다양한 역할을 수행함에 있어서도 마찬가지이다. 서로 이해관계가 상충하는 역할들이 있을 때도 그 두 가지 사이를 조율하는 중심에 자신의 감정을 소중히 여기는 단단한 나의 자존이 자리하기를 바란다.

잠시 심호흡을 하고는 가만히 눈을 감는다. 나는 다시 오래전 우리 학교 강당 무대에 서 있다. 야간 자습 시간, 넓은 강당에 모여 발성 연습을 한다. 연기를 어색해하는 나를 위해 선배 언니가 연기 지도를 해준다. 수량에 맞춰 소품을 준비하다가 하나를 놓쳤을 때 친구가 저 멀리서 갓 한 개를 들고 뛰어온다. 나는 많은 역할을 맡았지만, 내 곁에는 나를 도와주는 친절한 사람들이 있었다.

어른이 된 지금, 책임의 범위는 훨씬 커졌다. 초 단위로 쪼개어 사는 날들이 매일 이어진다. 나는 철저히 일을 완수해내려고 애쓰는 성향이 강한 편인데, 요즘은 그런 나를 조금 풀어주려고 노력하고 있다. 이를 타협이나 포기라 부르고 싶지는 않다. 나는 이를 오히려 용기라 말하고 싶다. 나는 예전에는 도저히 하지 못했던 말 한마디를 용기 내어

익혀나가고 있다. 바로 "도와줄 수 있어요?"라는 말.

완벽한 업무 처리에 대한 압박에서 아주 조금은 자유로워지고 있고, 더 자유로워지려고 노력한다. 이제는 내가 잘 해낼 수 없는 부분에 대해 한 번씩 동료에게 도와달라는 말을 용기 내어 하기도 한다. 차마 입이 잘 떨어지지 않지만, '거절하시더라도 일단 말이라도 꺼내 보자.'라는 생각으로 눈을 질끈 감고 도움을 요청해보는 것이다. 그러면 생각보다 흔쾌히 도움을 받는 경험도 하게 된다. 내가 누군가를 기꺼이 도왔던 것처럼.

동료들은 예상보다 훨씬 더 너그럽고 유연한 사람들이었고, 내가 잘 해내지 못하는 부분들을 채워줄 수 있는 유능한 사람들이었다. 한 번의 도움을 주고받는 경험을 통해 나는 좀 더 편안하게 동료들과의 관계를 맺어나갈 수 있었고, 무엇보다 내가 잘하지 못하는 부분에 대해 도움을 받는다고 해서 동료가 나를 무능한 사람이라 여기거나 무시하지 않는다는 사실도 깨닫게 되었다. 내가 도움을 받았기에 조금 더 편안하게 도움을 건넬 수도 있고, 동료 또한 내게 도움을 주는 과정에서 기쁨을 느껴 나를 더 친근하게 여기게 되었다는 느낌도 받는다.

돌아보면 역할이 많아진 만큼 관계도 늘어났다. 관계마다 내게는 소중한 사람들이 생겼다. 학생들과 동료들, 남편, 자녀, 새로운 친구들, 그리고 여러 소중한 이름. 내 곁에는 나를 응원하고 지지하는 이들이 있다. 나를 믿고 존중해주는 소중한 관계들이 있어 나는 내 역할들을 해내며 살아갈 수 있다.

'이건 정말 1인 10역 아니야?' 하며 분통을 터뜨리고 싶었던 날들과 간신히 부여잡고 넘어가는 밤들을 파도처럼 넘어간다. 역할을 맡았기에 내가 더 나다워질 수 있는 시간을 생각한다. 마인드맵의 가지 끝처럼 뻗어나간 사회적 관계들을 향해 나무가 된 듯 더 멀리 손을 뻗어본다. 때로는 도움을 요청하고, 지칠 땐 기대기도 하고 싶다. 내가 가진 역할들과 그로 인해 연결된 사람들이 나의 고통을 바라지는 않을 거라 믿으니까. 우리 안엔 관계를 지키고픈 다정한 마음들이 있으니까.

나는 완벽하지 않고 앞으로도 그럴 것이다. 그렇지만 완벽하지 않은 나, 있는 그대로의 나를 사랑하고 싶다. 아침 출근길, 과도하게 열심히 살지 않기로 결심하는 나를 격려하고 싶고, 약간 흐트러진 채로 웃고 있는 나를 안아주고 싶다. '해야 한다'라는 마음으로 의무에 몰두하고 완벽하게 완수하는 나 대신, '충분하다'라는 마음으로 친절한 휴식을 스스로 선사할 수 있는 내가 되고 싶다. 그리고 성장하는 아이들에게도 말하고 싶다. 있는 그대로의 너로 충분하다고, 있는 그대로의 네가 아름답다고. 그러니 우리, 스스로에게 친절하자고, 조금 더 관대하고 따뜻하게 스스로를 안아주자고. 우리 모두 삶이라는 무대 위에서 열렬히 웃고 울고 사랑하길 바라는 마음으로.

재미선아

영화를 그다지 좋아하지 않고 크게 감동하지도 않는 내가 아주 충격적일 만큼 놀라며 감상한 영화가 있다. 그것은 우리나라에도 잘 알려진 배우 '제임스 맥어보이'가 무려 스물세 명의 인격을 표현하며 열연한 '23아이덴티티'이다.

주인공인 케빈은 23개의 인격을 가진 남자로서 언제 등장할지 모르는 인격 사이를 오가며 고군분투한다. 23개의 인격 중에는 소심한 인격도, 폭력적인 인격도, 또 여성도, 남성도 각각의 개성을 뽐내며 존재한다. 물론 23개의 인격 중 어느 인격이 중심을 차지해야 할지 우왕좌왕하며 무서운 사건을 일으키는 일종의 정신병자 케빈과, 평범한 인간이 부모님에게는 딸, 남편에게는 아내, 직장에서는 동료, 또 친구에게는 재밌는 친구 등의 여러 역할 얼굴을 하며 세상을 살아가는 것을 비슷하다고 하기엔 비약이 너무 심한 것일지도 모른다. 하지만 근본적으로 둘은 같다고 생각한다. 케빈도 23개의 인격 중 중심 인격이 되기를 바라는 모습이 있듯이, 인간도 자신과 아주 가깝다고 할 수 있는 부모나 배우자에게도 역할 얼굴을 하면서 그중에 자신이 가장 원하는 모습으로 살아가기를 바라기 때문이다.

나의 역할 얼굴 중 가장 큰 비중을 차지하는 것은 '누구에게나 착한 사람'일 것이다. 칭찬에 약한 나는 어른들에게 칭찬을 받고 싶어서, 착한 아이가 되기 위해 애쓰며 자랐다. 학창 시절 부모님을 거스른 적도, 흔하디흔한 중2병으로 반항을 했던 적도 없었다. 심지어 결혼을 하고 아이가 있는 지금도 여전히 나는 우리 엄마 눈치를 많이 본다. 어떤 일을 저지를 때 남편보다도 엄마에게 더 많이 의논하고 엄마의 허락을 받아야만 마음이 편안한, 지독한 마더 콤플렉스의 소유자라고나 할까. 엄마에게 자식으로서 폐를 끼치지 않는, 늘 '착한 딸'이고 싶기 때문이다.

　사회생활을 하면서도 '착한 사람'이 되어야 모두와 친해질 수 있다고 생각하게 되었다. 학기 초에는 그 누구와도 크게 척을 지지 않고 아주 친한 것도, 그렇다고 아주 먼 것도 아닌 일정 거리를 유지하며 학교 구성원 모두와 친해지고 싶다는 생각을 자주 한다. 누군가 나에 대해 이야기할 때도 "아 그 선생님 밝고 성격 좋지."라는 말을 듣고 싶은 사람이다. 누군가 나에 대해 날카로운 평가를 내리는 것을 지나치게 거부하는 것이다. 그래서 나는 일부러 더 많이 웃고 밝은 척도 자주 한다.

그런데 역시나 이런 역할 얼굴이 나를 많이 괴롭힌다. 사실 나는 그다지 착하지 않기 때문이다. 단지 착하고 싶을 뿐이다. 착하기를 원하니까 태생이 착했으면 될 텐데, 인생은 우리 뜻대로 되지 않는 것이니까. 착하지 않은 내가 착한 척하다 보면 만만하게 생각하는 사람이 생기고 그러면 상처를 받아 이불을 꽁꽁 뒤집어쓰고 후회하곤 한다. 상대방의 무리한 부탁을 거절하고 싶은데 그러면 착한 사람이 되지 않는 것 같아서 바득바득 억지로 착한 척하며 부탁을 들어주는 내 모습을 타자의 시선으로 물끄러미 응시하다 보면, 지금 내가 일종의 자기 학대를 하는 게 아닐까 하는 자괴감에 빠지기도 한다.

물론 30대에 접어들고 나름의 사회생활 경력이 쌓이면서 배포가 꽤 커지긴 했다. 남에게 피해를 주지 않는 선에서는 내가 하고 싶은 대로 하는 경향이 생기기도 했고, 내가 싫으면 누군가의 부탁을 거절하기도 했다. 그런데 사실 그러고 난 이후에도 여전히 마음이 편하지는 않다. 나는 누구에게나 '착한 사람'이 되고 싶고 그래서 모두와 친하고, 모두에게 '주목 받고 인기 많은 사람'이 되고 싶기 때문이다. 이런 걸 요즘 '관종'이라고 하던데. 허허. 맞다. 나는 관종 기질이 다분하다. 그런데 정말 '안 관종'인 남편의 삶과 '관종'인 나의 삶을 비교해보면, 관종인 삶 이거 참 피곤한 삶이다.

이 관계에서는 이 역할, 저 관계에서는 저 역할 이런 식으로 여러 역할 얼굴을 하고 살아가다 보면 도대체 '나는 누구인가'라는 근원적인 의문에 빠지기도 한다. 정말 진정한 내 모습은 무엇인지 모르겠다. 그래서 옛 성인들이 그렇게도 '나'를 탐구하며 일생을 보냈고, 테스 형은 '너 자신을 알라.'라며 일생일대의 난제를 던지고 떠났나 보다.

여러 역할 얼굴이 보여주는 모습이 곧 나의 다양한 모습이라고 단정 짓기에는 '착한 사람'이라는 공통점은 있지만 세세하게는 조금씩 다 달라서 나는 케빈처럼 종종 혼란에 빠지기도 한다. 살짝 역할을 혼동할 때도 있다. 그러면 상대방은 어김없이 말한다. "너 안 그랬는데 변했다." 그러면 나는 반문하고 싶어진다. '내가 뭐 어땠는데?', '진정한 내가 어떤 모습인데 대체?' 아무래도 중2 때도 걸리지 않았던 그 질풍노도, 낙엽만 떨어져도 눈물이 나고 바람만 불어도 화가 나는 그 병에 마흔을 코앞에 두고 걸리려나 보다.

역할을 수행할 때 '기쁨의 비율'이 중요해.
그때 얻는 즐거움이 괴로움보다 더 크기를.

아람민영

재미선아

낙엽만 떨어져도 눈물이 나고
바람만 불어도 화가 나는 그 병에
마흔을 코앞에 두고 걸리려나 보다.

학생들로 인해 행복한가요

활활화영

인간은 누구나 행복해질 권리가 있다. 학교의 수많은 구성원은 학생이나 교사 할 것 없이 공부나 일은 어떻게 해야 하는지, 친구나 동료는 어떻게 사귀어야 하는지 고민한다. 모두 다른 이야기 같지만, 자세히 들여다보면 그 고민의 기저에는 '행복'이 있다.

EBS 다큐 '학교란 무엇인가'에 영국에서 가장 오래된 대안학교인 서머힐학교가 소개된 적이 있다. 서머힐학교의 교장 선생님은 'HAPPY TIME'을 강조하면서 '학교는 행복한 사람들의 것이어야 한다'라고 말한다. 과연 우리나라의 학교는 행복한 사람들의 것인가? 올해 거제교육지원청 영재교육원 중등문학반 강사로 활동하며 토요일에 온·오프라인에서 아이들과 만나 수업을 하게 되었다. 수업의 도입부에서 현재 자신의 마음 상태를 나누는 활동을 하였는데, 한 학생이 힘들다고 말했다. 알고 보니 주말에도 학원을 가야 한다는 것이다. 학생의 힘없는 한마디에 괜시리 마음 한편이 짠해졌다.

그렇다면 교사인 나는 행복한가? 이 질문에 답하기 위해서는 먼저 행복에 대한 정의부터 내려야 할 것이다. NAVER 지식백과를 보면 행복에 관한 가장 보편적인 정의는 '주관적 안녕감'으로 외부적인 요인에 의해 주어지는 기쁨보다는 특별한 사건이 없는 편안한 상태를 의미한다. 즉 행복이란 기쁨이 아니다. 인간의 삶이 어찌 매일 즐겁고 좋은 일만 계속되겠는가. 설령 그렇다고 하더라도 즐거움만 이어진다면 사람은 적응의 동물이라 그것에 익숙해져 이내 싫증을 내기 마련이다. 결국 행복이란 외부적인 요인에 의해 결정되는 것이 아니라 '내 삶에 대한 주관적 만족감'임을 알 수 있다.

앞서 언급하였듯이 행복은 주관적인 것이라 행복의 기

준은 사람마다 다르다. 나에게 행복한 순간은 언제인가? 줄서서 유명한 맛집의 음식을 먹을 때, 뷰가 아름다운 카페에 가서 차 한잔과 함께 아름다운 경치를 감상할 때, 우리 집 강아지 씨야를 품에 꼭 안고 있을 때 등등 무수히 많다. 물론 이러한 찰나의 기쁨도 좋겠지만, 교사인 나에게 근본적인 행복감을 가져다주는 요소를 찾아보자.

나를 근본적으로 만족시키는 것은 무엇일까? 올해 7월 말, 2주에 걸친 여름방학 보충 수업이 있었다. 2년 만에 하는 보충인지라 교재연구에도 시간이 많이 소요되고, 4시간의 연강이 체력적으로 힘에 부쳤다. 그런데 보충 수업 내내 나를 미소 짓게 하는 학생이 있었다. 수업 시작이 8시 50분인데 그 학생은 출근하는 아버지 차를 타고 등교하는 바람에 매일 7시 30분에 교실에 들어섰다. 그러고는 맨 앞줄에 앉아 전날의 숙제를 삐뚤빼뚤한 글씨로 적고 있다. 그러다 수업이 시작되면 눈꺼풀이 무거워지고 이내 졸기 시작한다. 자신을 부르는 소리에 깜짝 놀라 잠을 깨서는 맨 앞줄도 모자라 칠판 코앞까지 와서 수업을 듣는다. 쉬는 시간이 되면 학교 앞 편의점에서 사온 커피를 연신 들이키며 잠을 깨우려 애쓴다. 비록 공부를 잘하진 못하지만, 열심히 하려 노력하는 모습이 보충수업 내내 나를 행복하게 만들었다. 나는 학생들이 자신이 맡은 바를 열심히 하는 모습이 정말 예쁘고, 그 모습을 지켜보는 게 교사로서 가장 행복하다. 결국 교사의 본질적인 일인 학생들을 교육할 때 느끼는 보람이 나의 자아존중감과 자아정체감을 긍정적으로 형성하여 나를 지속적으로 행복하게 한다.

1920년대 미국에서 터먼(L.Terman)이 천재 아이들을 뽑아 이들을 추적조사하였다. 대다수는 만족스러운 삶을 살았는데, 이들 중 극단적으로 행복한 사람과 보통으로 행복한 사람들을 골라 두 집단을 비교해보았더니 극단적인 행복을 즐겼던 사람들이 더 일찍 죽었다고 한다. 아마도 이들은 자신의 행복에 도취되어 몸이 주는 신호를 무시하거나 자신의 한계를 뛰어넘는 무모한 행동을 하였을 것이다. 과유불급(過猶不及), 모든 사물이 정도를 지나치면 미치지 못한 것과 같다고 하였으니 행복에도 중용이 필요하다.

행복의 중용을 위해서는 두 가지 노력이 필요하다. 첫째, 원하는 것을 줄여야 한다. 앞서 정의한 것처럼 행복이란 내 삶에 대한 주관적인 만족도이기 때문에 내가 원하는 바를 얼마나 성취하였는가에 따라 결정된다. 즉 적게 원하면 그만큼 만족도는 올라갈 수밖에 없다. 1인당 국민소득이 3

천 달러도 안 되는 최빈국이지만 인구의 97%가 행복한 삶을 살아가고 있는 부탄이라는 작은 나라가 있다. 1인당 국민소득이 3만 달러가 넘지만 국민의 5%만 행복한 우리나라와는 매우 대조적이다. 사람의 욕심은 끝이 없다고 한다. 더 좋은 교사가 되기 위해, 더 수업을 잘하기 위해 한도 없이 커진 욕심은 어느 순간 나의 행복을 앗아가고 있었다.

이제는 나의 찐행복을 위해 내가 원하는 바를 조절하고 있다. 이를 위해 개발한 것이 '삼고초려 전법'이다. 공문을 보다 내가 하고 싶은 충동을 강하게 느끼는 것을 발견하면 일단은 해당 공문을 프린트해서 책상 한편에 놓아둔다. 그리고 하루가 지나 다시 한번 그 내용을 살펴본다. 마지막으로 며칠 뒤 한 번 더 이 내용을 고민해보고 그래도 하고 싶다면 그때 실천에 옮긴다. 예전에는 하고 싶은 모든 것에 다 도전하고, 이것을 끝까지 포기하지 못하는 성격 덕에 나 스스로를 힘들게 할 때가 많았다. 하지만 이제는 좀 더 심사숙고하여 내가 수용 가능한 범위 내에서만 시작한다.

둘째, 행복을 느낄 몸과 마음의 시간적 여유가 필요하다. 행복이란 누구에게 얻거나 받는 것이 아니라 내 주변에 있는 것을 스스로 발견하고 선택하는 것이다. 이를 위해서는 당연히 인식과 깨달음의 시간이 절대적으로 필요하다. 2018년부터 4년 연속 세계 행복 지수 1위를 차지하고 있는 핀란드에서는 오후 4시가 넘으면 모두 퇴근하고, 핀란드 국민은 이것이 당연하다고 생각한다. 그리고 일이 끝난 뒤 피로를 풀 수 있는 사우나가 회사나 학교에 있다고 한다. 물론 우리나라에서도 일과 삶의 균형을 의미하는 워라밸(Work-life balance)이 화두로 떠올랐다. 하지만 이것을 역으로 생각해보면 우리 사회가 아직은 그러하지 못하다는 반증이기도 하다. 나 또한 부모 세대에게 물려받은 근면과 성실을 경전처럼 떠받들며 교사 생활에 임하고 있다. 하지만 이대로 가다간 언젠가는 터먼(L.Terman)의 연구에 등장하는 극단적으로 행복한 아이들과 같은 길을 가게 될 것이다. 이제는 몸과 마음을 돌보아가며 내 삶의 찐행복을 찾는 용기를 내야 할 때이다.

나는 학생들로 인해 '적당히' 행복하고 싶다. 발령 이후 몇 년 동안은 '미친 듯' 행복했던 시간이 있었다. 주말에도 학생들과 함께하는 프로그램을 기획하여 체험학습을 떠나고, 방학마다 연수를 들으며 워커홀릭의 삶을 살았다. 교사로서의 내가 인간 서화영을 조금씩 갉아먹고 있다는 것을 발견한 이후부터 이 두 존재가 서로 상생할 수 있는 내 나름의 묘안을 조금씩 찾아가기 시작했다. 원하는 바를 줄이고, 행복을 느낄 몸과 마음의 시간적 여유를 가지는 것이다. 그래서 나는 미친 듯 행복했던 그때보다 적당히 행복한 지금이 훨씬 더 좋다.

'나중에 말고 당장 야금야금 행복해야 해.'
드라마 '동백꽃 필 무렵'의 동백이 엄마 정숙이가 죽을 날을 받아놓고 한 대사이다. 행복은 나중이 아니라 지금 당장 야금야금 먹어 치워야 하는 것이다. 그것을 내가 속한 직업 세계에서 경험하든, 가정에서 사랑하는 사람들로부터 느끼든. 대한민국의 모든 선생님이 학교에서 우리 학생들과 야금야금 행복해지기를 간절히 바란다.

마나미나

학생은 내가 학교에 다녀야 하는 이유였다. 교사가 되고 처음 6년간 학생 외의 다른 사람에게는 거의 관심이 없었다. 쉬지 않고 학생들을 보고 또 봤다. 학생들이 나로 인해 행복할 수만 있다면 피곤한 것쯤은 이겨내야 하는 것이 교사의 사명감이라 생각했다. 그리고 학생의 웃음이 바이러스 감염되듯 나에게로 돌아올 줄 알았다. 나는 열심히 사는 교사였으므로 그때 나의 행복 지수는 적어도 100점 만점에 90점 이상이어야 했다.

현실은 달랐다. 웃고 있었지만 나만 모르게 나는 지쳐가고 있었다. 그땐 몰랐지만 지금 생각해보면 가짜 행복을 느끼며 살고 있었던 것 같다. 교육 관련 서적에 나오는 교사상을 따라 해보며 피로한 내 몸은 무시하고 계속 직진했다. 학생을 위해 뭐든 할 수 있는 교사가 되어야 진짜 교사라 생각했다. 진짜와 가짜 놀이를 6년간 정말 열심히 했다.

내가 가진 교사의 열정과 세심함은 분명 장점이다. 하지만 과유불급이라 했다. 적당한 거리를 두고 상황에 맞게 사용되지 못하면 다시 상처로 돌아온다. 6년이 지난 어느 날 나도 모르게 에너지가 바닥이 났다. 학생들이 웃어도 내가 더 이상 따라 웃지 않았다. 혼자 멍하게 앉아 있기도 했다. 학생의 행복은 나의 행복이 될 수 없었다. 어떤 때는 내가 애쓰는 것이 학생에게 부담으로 전해지기도 했고, 내 열정이 꼰대가 되어 돌아오기도 했다. 내 학교생활에 내가 없었다. 학생도 없었다. 다만, 교육학책 속의 이상적인 교사상만 있었을 뿐이다. 나는 행복하지 않았다.

7년 차 때 창원자유학교에 근무하기 시작하면서 철학적인 질문에 답할 기회가 많아졌다. '거리두기'라는 단어를 처음 접했다. 학생과 교사 사이에는 적절한 거리가 필요하단 뜻이었다. 그 말이 처음에는 냉정하게 느껴졌다. 교사의 책임을 회피하려는 것처럼 들리기도 했다. 하지만 교사와 학생이 모두 모여 토론을 계속 진행되면서 자연스럽게 과거의 내 모습을 돌아보기 시작했다. 학생을 보호의 대상으로 여기고 인정보다는 충고와 도움을 주려던 내가 보였다. 학생이 불편하지 않도록 애쓰기는 했으나 무엇이 불편했고 무엇을 나에게 기대했는지 알려고 하지 않았다는 사실도 깨달았다.

시간이 지나면서 '거리두기'는 서로의 존재를 인정하는 거리라는 것을 조금씩 받아들였다. 무관심과 관심이 속은 다르나 겉은 같을 수 있다는 것을 조금만 더 빨리 알았더라면 좋았을걸…. 혼자 설 수 있도록 없는 듯이 옆에 있어 주는 것이 교사인 것을 뒤늦게 알았다. 지난 6년 동안 풀지 못해 답답했던 숙제가 풀리는 듯했다. 비로소 내 눈에 나도 학생도 보이기 시작했다.

조금씩 여유가 생겼다. 이제 다시 학생을 보고 웃기 시작한다. 학생을 위해서가 아니라 내가 즐거워서 웃는다. 가끔 개별적으로 학생들이 영단어를 외워 가지고 온다. 그럼 우리는 그 단어를 활용해서 영어로 짧은 대화를 해보는 시간을 가진다. 학생들이 영단어를 외우는 것을 싫어해 약간의 호기심과 재미를 넣어 주고픈 마음에서 시작한 작은 활동이었다. 처음엔 학생을 위한 마음이 다였는데 지금은 내가 더 좋아하는 시간이다. 영어로 대화도 하고 학생들과 개인적인 이야기도 자연스럽게 나눈다. 나는 말수가 많은 편이 아니지만 가끔은 시간 가는 줄 모르고 떠든다. 끝나고 나면 기분이 좋다. 친구와 편하게 수다 떤 느낌이다.

나는 교사로서 학생 앞에 섰을 때도 본래의 모습과 크게 다르지 않았으면 좋겠다. 할 수만 있다면 좋은 본보기가 되어야 한다는 사명감으로 학생들 앞에서 연기하는 시간을 점점 줄이고 싶다. 수없이 흔들리는 한 인간이 교사로서 학생들에게 보여줄 수 있는 것은 흔들림의 자연스러움이라 생각한다. 흔들리는 모양새가 웃겨서 웃는다. 왜 흔들리는지 설명하다 넘어져서 웃는다. 그렇게 학생도 나도 몸에 힘 좀 빼고 흔들리며 지내고 싶다.

여태 내가 사로잡혀 있던 이상적인 교사상은 그만 내려놓자. 자연스러운 웃음의 편안함을 위해 몸에 딱딱하게 붙은 체면부터 벗자. 세월에 찌든 모습은 마냥 좋아할 순 없지만 내 안에 그런 모습이 있음을 인정해야 한다. 그냥 보여주고 마음 편히 학생을 대할 방법을 찾고 싶다. 학생에게 도움을 주려던 에너지를 함께 노는 에너지로 바꿔 보자. 심각한 이야기보다는 힘을 좀 빼고 울다가도 웃으며 끝나는 대화를 하고 싶다.

학생들이 있어 나는 행복하다. 하지만 내가 없이는 학생도 없다는 것을 이젠 안다. 내가 나를 돌보고 여유를 가져야만 학생도 나와 함께 있고 싶어 한다는 것을 아는 것이다. 학생도 나도 학교에서 행복했으면 좋겠다. 그저 단순하게 웃겨서 웃고 사는 삶이 아니라 함께 노력하고 편하게 흔들리며 서로를 보면서 웃는 시간이길 빈다. 그 시간이 모여 행복이 된다. 내가 학교에서 학생과 함께 웃을 수 있기를…. 그 웃음이 가짜가 아니기를 바란다.

'나중에 말고 당장 야금야금 행복해야 해.'
대한민국의 모든 선생님들이 학교에서
우리 학생들과 야금야금 행복해지기를 원해.

수없이 흔들리는 한 인간이
학생들에게 보여줄 수 있는 것은
흔들림의 자연스러움이라 생각해.

학교생활 중 어떤 순간이 가장 기억에 남으세요

아람민영

"엄마! 왜 토요일에는 학교를 안 가요?"

아이가 처음 초등학교에 입학했다. 아이도 학교가 처음이지만, 나 역시 엄마로서 아이의 초등 입학이 처음이어서 떨리고 긴장되었다. 초등학교는 1년 동안 함께하는 담임선생님의 존재가 더욱 중요할 텐데, 맨 처음 만나는 초등학교 1학년 담임은 어떤 분이실까 걱정되었다. 아이의 첫 입학식, 시간을 내어 교실에 갔다. 스물여덟 명의 아이들이 긴장한 채로 교실 안에 앉아 있었고, 아마도 미리 2월부터 준비하셨을 예쁜 게시판이 교실 앞뒤에 게시되어 있었다. 칠판에는 환영 메시지가 붙어 있었다.

"여러분, 집에 가면 여러분을 도와주고 보살펴주시는 분이 누가 계시지요?"

"엄마요!", "아빠!", "할머니!"

"네, 그렇죠. 집에 가면 부모님이나 할머니, 할아버지께서 여러분들을 도와주시지요. 그런데 이제 여러분들이 처음 학교에 왔어요. 유치원과는 또 다른 새로운 곳이라 걱정이 되겠지만 학교에 오면 '학교 엄마'가 있어요."

선생님께서는 친절한 미소와 함께 본인을 가리키며 아이들을 안심시켰다. 입학식에는 나 말고도 많은 부모님들이 시간을 내어 와 계셨는데 부모님들도 함께 안심하는 표정들이었다. 그렇게 아이의 첫 학교생활이 시작되었다.

그해 나는 처음 고3 수업을 맡았다. 고등학교 1학년 때부터 3년째 함께 지낸 아이들이었다. 우리 아이들은 전반적으로 무척 밝고 명랑했으며, 자기만의 뚜렷한 개성을 지닌 아이들이 많았다. 그런데 고등학교 3학년이 되면서 쾌활하던 분위기가 어디까지 가라앉을 수 있는지 놀라울 만큼 깨달았다. 아이들은 진학과 진로에 대해 걱정하며 두려워했고, 자주 불안감을 내비쳤다. 그보다 더 심각한 것은 아이들의 끝없는 무기력감이었다. 해도 별 소용이 없을 거라는 태도, 그냥 어떻게든 졸업만 하자는 생각으로 꾸역꾸역 자리만 채운 채 종일 엎드려 있는 모습, 수능 최저 점수만 맞추면 된다고 말하며 필요 없는 수업은 그냥 넘겨버리는 행동들까지. 그나마 아이들과 나 사이에 지난 2년간 형성된 관계가 있어서 서로 많은 상처를 주고받지는 않은 게 그나마 다행이었을까? 고3이라는 단어는 그렇게 우리를 무겁게 짓눌렀다.

그런데 학교에 한창 적응해나갈 무렵, 5월쯤 되었을까? 초등 1학년인 아이가 물었다.

"엄마, 토요일에는 왜 학교에 안 가요? 일요일에도요?"
"으응, 주말이니까, 주말에 좀 쉬고 다시 힘내서 학교에 가야지."
"주말에도 가면 좋을 텐데. 학교 가면 진짜 재밌고, 친구들도 볼 수 있고, 선생님도 보고 싶은데."

아이의 해맑게 신나는 표정을 마주하며 영혼이 깨어지는 느낌이 들었다. 도대체 초·중·고등학교 12년 동안 학교에서 무슨 일이 있었던 걸까? 학교 가는 것이 이토록 즐거운 아이가 자라서 무기력한 표정으로 지쳐버리지는 않을까? 아무리 흔들어도 절대 몸을 일으키지 않는 무거운 빨래 같은 고3 아이들처럼. 그렇다면 긴 시간 학교에서 교사로 지내고 있는 나는 무엇을 해야 할까? 여기에 내 책임이 없다고 자신할 수 있는가?

깊은 고민을 시작했다. 내가 무엇을 해야 하는가. 나는 왜 이 교실에 있는가. 나는 아이들에게 경쟁하지 않을 자유를 줄 수 있는가. 학교는 과연 아이들에게 오고 싶은 곳이 될 수 있으며, 나는 아이들의 자율적인 의지를 도울 수 있는가. 내가 있는 교실은 아이들에게 안전하고 자유로운 공간인가.

고민과 최선의 끝에 아이들은 졸업했다. 웃고 울던 시간을 접고 세상을 향해 나아갔다. 상처와 무기력의 시간이 아이들에게 얼마나 의미 있는 성장이 될 수 있을지 여전히 남은 과제를 안고 아이들을 보냈다.

이후 고민 끝에 선택한 결정이 지금 근무하는 학교에 오는 일이었다. 농어촌의 작은 학교에서 유일한 국어 선생님으로 아이들과 만나자. 아이들과 함께 내가 할 수 있는 만큼, 내가 원하고 바라는 수업을 해보자. 아이들 곁으로 기꺼이 다가가자.

  편안하고 마음이 가벼운 시간도 즐겁고 소중한 기억으로 남을 수 있지만, 힘들어도 함께 기운을 내고 노력한 시간 또한 의미 있게 마음에 남는다. 학창 시절의 마지막 시간을 함께한 200여 명의 고등학교 인문반 아이들. 매번 수업이 시작될 때마다 칠판 오른쪽에 적었던 글귀들이 생각난다. 그중 특히 이 문구에 대해 의문스러워하던 고3 아이들 표정이 떠오른다.

> "이 우주에서 우리에겐 두 가지 선물이 주어진다. 사랑하는 능력과 질문하는 능력."
>
> 메리 올리버, 《휘파람 부는 사람》

  "선생님, 사랑하는 능력은 이해가 되는데 질문하는 능력이 왜 특별한 선물인지 모르겠어요. 어색하게 보이는데."

  반짝이는 호기심으로 세상을 향해 질문하는 힘의 가치를 잊어가는 과정이 어른이 되는 일이라면 이 과정을 '성장'이라 부를 수 있을까? 우리는 반드시 질문을 던져보아야 한다. 누구에게나 단 한 번 주어지는 삶이라는 소중한 시간, 이 삶을 가치 있게 꾸려나가기 위해 우리는 어떤 성장을 꿈꾸고, 어떤 목적을 안고 살아야 할지 생각해보아야 한다.

초중고 12년이라는 시간 동안 학교라는 공간이 아이들에게 건넬 수 있는 도움에 대해 깊이 고민했던 시간, 이때가 교직 생활에 있어 하나의 전환점이었다고 믿는다. 아이들이 모두 떠난 교실을 여전히 지키며 새롭게 찾아오는 아이들을 만난다. 그리고 아침마다 아이들에게 건넬 손과 눈과 귀를 준비한다. 여전히 어렵지만, 스스로 지치지 않기를 응원하며.

재미선아

　순간이 모여서 하루가 된다. 하루가 모여서 일주일이 된다. 일주일이 모여서 1년이 되고 1년이 모여서 인생이 된다. 그래서 나는 '순간을 만끽하는 삶'을 살고 싶다. 순간을 만끽하는 삶은 바로 '인생을 만끽하는 삶'이 되기 때문이다. 이런 생각들을 하다 보면 모든 순간이 다 소중한 순간이며 기억에 남는 순간이므로 허투루 버릴 순간이 하나도 없다. 그럼에도 불구하고 그중 '가장' 기억에 남는 순간을 꼭 꼽으라고 한다면 동료 교사들과 행복했던 순간을 이야기하고 싶다. 이 글을 읽는 독자들에게는 황당하게 들릴 수도 있겠다. 당연히 학교생활 중 '가장' 기억에 남는 순간은 학생과 관련한 순간일 것이라고 예상했을 테니까.

　물론 학생과의 좋은 기억도 아주 많다. 하지만 벌써 세 번째 학교에 근무하면서 학생과의 좋은 기억은 비교적 만들기 쉽지만, 동료 교사와 좋은 기억을 만들기는 꽤 어렵다는 것을 알았다. 사회인이 되어 만나는 사람들과는 어린 시절 친구들과 그랬듯 내밀한 관계를 유지하기가 어렵고 또 내 마음과 찰떡궁합으로 잘 맞는 동료를 만나기도 매우 어렵기 때문이다. 나와 잘 맞는 사람을 단 한 명만 만나더라도 행운이라고 볼 수 있는데, 교직 생활 4년 차였던 그 시점에 나는 좋은 사람을 정말 많이 만났다. 그해에 나는 새롭게 태어나는 경험을 할 수 있었다.

몇 년 전 교과교실제가 한창이었을 무렵, '국어과 교무실'에서 근무했다. 전공 과목을 따져 무리를 나누고 싶진 않지만, 그래도 같은 과목을 전공했다면 어느 정도 비슷한 영혼을 소유했다고 말할 수 있지 않을까? 나와 너무도 다른 성향의 사람들과 만나 이리저리 부딪히며 상처받는 과정을 꽤 겪었던 나는, 영혼이 닮은 선생님들과 같이 근무하며 정말로 행복했다. 내가 막내여서 어떤 행동을 해도 '국어과 마스코트'라며 귀엽게 봐주셨고, 부모님이나 친구가 아닌 동료 교사에게서 무조건 지지와 사랑을 받는다는 황홀한 느낌이 무엇인지 가르쳐주셨다.

또 같은 학년 수업을 하면서 선생님들 수업을 참관하고, 내 수업의 문제점을 깨달을 수 있었다. 나는 그저 '이 수업은 재미가 없을 수밖에 없어. 어떤 활동을 한다 해도 내용 자체가 재미가 없으니 소용이 없어.'라며 선입견을 가지고 수업했던 단원인데 한 선생님께서 거의 한 달이라는 시간 동안 교재연구를 하시면서 그 수업을 아주 재밌는 게임으로 풀어가는 걸 보고 많은 것을 느낄 수 있었다. 쉽게 포기해버리고 편한 길을 택한 나는 며칠을 반성했다.

앞으로도 길게 이어질 교사로서의 내 삶뿐만 아니라 인간으로서 삶의 노하우나 진리도 많이 배웠다. 한 선생님께서 습관적으로 하시던 "그럴 수 있지. 그럴 수 있다."라는 말은 타인의 배려 없는 행동에 늘 상처를 잘 받던 내게 한 줄기 빛 같은 말이었다. 너그럽기 그지없었던 그 선생님의 마음과 저절로 통하는 말이었다. 상대방의 입장에서 생각해보면 이 세상에 이해 못 할 일은 없다는 것. 이 한마디는 자꾸만 옹졸하게 내 세상 속으로 갇히던 내게 큰 깨달음을 주었다.

저절로 선생님들은 나의 '롤모델'이 되었다. 언니 선생님들처럼 그렇게 생각하고 그렇게 살고 싶었다. 지금도 여전히 학교생활이 힘겨울 때나 육아 등 삶의 문제에 부딪힐 때 선생님들께 조언을 구하기도 하고, 또 나 혼자 가만히 생각해보기도 한다. 만약 지금 나와 같은 상황이라면 선생님들은 어떻게 행동했을까? 어떤 지혜로 이 난관을 극복했을까?

시간이 흘러 나도 이제 11년 차 교사가 되었다. 언니 선생님들을 만난 이후부터는 나보다 경력이 적은 선생님들을 보면 나도 누군가의 롤모델이 될 수 있도록 최선을 다하자는 마음가짐으로 살아왔다. 그리고 내가 많은 도움을 받고 새롭게 태어나는 경험을 했듯이 나도 누군가에게 그런 존재가 되고 싶었다. 아직 나는 이렇다 할 수업 노하우도 없고, 또 인간적으로 뛰어난 인성을 가진 것도 아니라서 아쉽게도 그런 경험은 없다. 그리고 여전히 나는 막내의 역할이 편하고 더 배우고 싶은 마음이 크다. 하지만 나도 계속해서 나이가 들 테고 후배 교사들이 계속 생길 테니, 교사로서도 인간으로서도 최선을 다해서 열심히 살아야 한다. 그러다 좋은 기회가 되면 나를 본받고 싶다는 사람이 생길 수도 있고, 그때처럼 좋은 동료를 만나 가장 기억에 남는 순간이 또 생길 수 있다.

이제는 언니 선생님들을 '동료 교사'가 아닌 나의 '친구'라고 생각한다. 막내가 이 무슨 하극상이냐 싶으시겠지만, 친구의 사전적 정의처럼 나는 그만큼 언니 선생님들을 가깝게 오래 사귀었고 또 사랑하고 있기 때문이다. 헤헤. 이 자리를 빌려 부끄러운 말을 전하고 싶다. 우리 언니 선생님들 정말로 사랑해요. 제가 앞으로는 잘할게요.

질문하는 힘을 잃어가는 과정이
어른이 되는 일이라면
이를 '성장'이라 부를 수 있을까?

"그럴 수 있지. 그럴 수 있다."
이 한 마디는 자꾸만 옹졸하게
내 세상 속으로 갇히던 내게 큰 깨달음을 주었다.

선생님의 수업은 어떤 가치를 담고 있나요

마나미나

작년에는 자유학교 교사들이 모여 지난 3년간 있었던 교육과정을 정리하는 시간을 가졌다. 처음 학교를 만들었을 때의 취지와 현재의 학교가 잘 연결되는지를 점검하는 시간이었다. 자연스럽게 수업에 대한 의견도 나눴다. 자유학교는 프로젝트 중심 수업(PBL: Project-Based Learning)을 운영하는 학교이다. PBL 수업을 왜 자유학교에서 진행해야 하는지에 대한 근본적인 질문부터 시작되었다. 교사들은 각자의 의견을 냈다. 같은 수업 방식이지만 다른 대답이 나왔다. 좋았다. PBL을 각자의 방법으로 재해석하고 있었고 다름이 모여 조화를 이루고 있다는 생각이 들었기 때문이다.

써먹을 수 있는 배움이 일어나기 때문이라고 나는 답했다. 교사로서 늘 그 부분에 대한 목마름이 있었다. 평가를 위해 가르치는 수업은 교사도 학생도 견뎌야 하는 시간이다. 수업하는 과정도 견뎌야 하고 평가 결과에 대한 책임도 견뎌내야 한다. 시험이 끝나면 바로 모든 것을 잊어버리는 패턴을 나는 학생 때도 했었고 교사가 된 후에도 반복하고 있었다. 현실에 답답해하고 있을 때 우연히 접하게 된 것이 PBL이다. PBL은 살아가는 힘을 기르는 수업이라고 흔히들 말한다. 프로젝트 과정과 결과물 자체가 학생들의 삶과 연결이 되기 때문이다. 수업에 대해 느끼는 나의 따분함과 죄책감을 덜 수 있는 방법이었다.

프로젝트를 계획할 때는 어떤 가치를 넣을지가 기본 뼈대가 된다. 나는 기본적으로 '써먹을 수 있는 배움'이 들어간 수업을 짜려고 노력한다. 작년에는 영어를 왜 해야 하는지 잘 모르는 학생들이 많았다. "이거 왜 해요?"란 질문에 계속 답하기가 막막해 프로젝트를 통해 영어의 의미를 각자 찾아보는 기회를 주기로 했다. '관찰' 프로젝트였다. 영어에 대해 관찰해보고 자신의 생각을 정리하는 것으로 한 학기 프로젝트가 진행되었다. 영어 자체가 수업의 소재가 되어 생각해보는 시간은 학생뿐만 아니라 교사인 내게도 의미가 있었다. 내가 왜 영어를 가르쳐야 하는지를 다시 생각해보게 되었기 때문이다. 학기가 끝나고 "이거 왜 해요?"란 질문의 횟수가 줄었다. 행복했다.

영어는 의사소통 도구다. 일정하게 정해져 있는 소재가 없다. PBL 수업 방법이 영어 교과에 적합한 이유는 여기에 있다고 본다. 학생들의 언어 수준과 관심 분야만 고려한다면 영어 수업의 소재는 세상 그 자체가 될 수도 있다. 그 속에 나는 사용할 수 있는 배움을 넣는다. 학생들이 영어를 통해 세상을 맛볼 수 있도록 연결하는 작업이다. 같은 세상이라도 한국어를 쓸 때와 영어를 쓸 때는 다르게 느껴질 수 있다. 언어의 특성이 세상을 보는 눈에 영향을 끼치기 때문이다. 언어마다 가지고 있는 특징을 잘 살펴보고 비교해보면 학생들의 시야가 넓어지는 효과도 있다. 내가 영어를 가르치는 이유 중 하나이다.

세상을 살아가는 힘을 길러주기 위해 직접 써먹을 기회를 주기도 한다. 유아들이 코로나19 상황을 잘 이해할 수 있도록 만든 동화책이 있었다. 루마니아 작가가 영어로 쓴 동화책이었는데 여러 언어로 번역하는 작업을 하고 있었다. 자유학교 학생들이 모두 한국어 번역에 동참했다. 직소

활동을 통해 각자 맡은 부분을 공부하고 서로 가르쳐주는 방식이었다. 작업을 끝내고 학생들의 이름이 번역자로 올라갔다. 배운 영어를 이용했다는 뿌듯함과 남을 도와준다는 기쁨이 동시에 있었던 시간이었다. 영어는 깊이 있는 학문이 아니다. 머리로 이해하는 것이 다가 아니라 몸으로 익히면서 사용하는 의사소통 도구다. 학생들이 도구를 잘 사용할 수 있도록 판을 깔아주는 것이 교사인 내가 할 일이다. 써먹을 수 있도록 널찍이 깐다.

배운 것을 써먹는다는 건 학생들이 해야 할 어떤 활동에 필요한 것을 배웠다는 뜻이다. 평가를 위한 배움이 아니라 배우면서 평가를 한다. 잘 배웠는지, 잘 사용하고 있는지 스스로 성찰한다. 잃어버리는 시간이 아니라 쌓이는 시간이라 나는 생각한다.

학생들은 다양하다. 각자 다른 이유로 영어를 접한다. 배운 것을 써먹으며 영어에 흥미를 갖는 학생도 있고 영어가 자신에게 필요 없다고 판단하는 학생도 있다. 학생들이 프로젝트 과정에 진심으로 몰입했다면 영어에 대한 어떤 판단도 존중되어야 한다고 생각한다. 내가 수업을 통해 학생들에게 주고 싶은 가치는 이것이다. 제대로 경험해보고 스스로 판단하는 것. 정답이 없는 시간이라 교사인 나도 수업이 흥미진진하다. 혼란스러운 사춘기를 보내고 있는 학생들이 자신만의 기준으로 세상을 바라볼 수 있는 사람으로 성장하길 바란다. 그 바람을 담아 수업을 한다.

수업은 학생에게 교사가 공식적으로 대화 신청을 할 수 있는 시간이다. 영어의 낯섦을 재미로, 의미로 바꾸자는 말을 하기 위해 여러 가지를 준비한다. 수업은 내가 중요하게 생각하는 '쓰임이 있는 배움'으로 채운다. 그리고 학생들에게 보여준 후 이야기를 시작한다. 활동 계획이 진짜 영어수업 시간에 가치가 있는 것인지를 학생 수만큼 다양한 관점에서 따져본다. 내 의견과 일치할 때도 있지만 학생들은 다르게 생각할 때도 많다. 그땐 질문이 들어온다. 답을 하면서 나도 다시 생각해본다. 그리고 수정한다. 내 프로젝트가 함께하는 프로젝트가 될 수 있는 길이다. 같이 배우는 프로젝트를 하며 수업하고 싶다. 배운 것 실컷 써먹고 신나게 지내는 학생들 옆에서 나도 덩달아 배우는 시간이 많길 바란다.

활활화영

- 이어질 구절: 아무 답장도 하지 않고 메시지를 차단한다.
- 이유: 보이스피싱의 위험이 있기 때문이다.

아이들과 시 수업을 하기 위해 마음 열기에 조은의 「동질」을 가져왔다. 시의 서두에서 화자는 이른 아침 모르는 사람으로부터 시험을 보러 가니 잘 보라고 해달라는 문자 메시지를 받게 된다. 그리고 마지막 연 '망설이다 나는 답장을 쓴다'의 이어질 부분을 비워두고 학생들에게 작성하게 하였더니 학급에서 한 친구가 위와 같이 작성했다. 물론 나머지 학생들은 모두 힘내, 잘 쳐, 할 수 있어, 파이팅과 같은 응원의 말을 적었다.

참 살기 팍팍한 세상이다. 갈수록 상황은 더 악화되어 간다. 학생들이 당장 학교를 졸업하면 그 이후에 마주하게 될 사회가 왜 이다지도 어두운지 하늘에 따져 묻고 싶다. 나는 우리가 살아갈 세상이 좀 더 나은 방향으로 바뀌어가길 바란다. 특히 우리 학생들이 따뜻하고 희망찬 사회에서 개개인의 행복한 삶을 꾸려가길 기도한다. 그런데 나에게는 아무런 힘이 없다. 사회를 변화시킬 만큼의 정치적 권력도, 경제적 여유도, 사회적 영향력도 그 무엇도 지닌 것이 없다. 어제도 오늘도 내일도 나는 묵묵히 교실에서 학생들을 가르칠 뿐이다.

그렇다면 내가 할 수 있는 역할은 무엇일까? 나는 내 방식대로 세상의 변화를 위해 소리치기로 했다. 바로 그 핵심 키워드는 '연대'이다. 나 혼자서는 세상을 더 나은 방향으로 나아가게 할 수 없다. 그러나 내가 하는 수업을 통해 학생들이 우리 사회의 문제를 어렴풋이 인식하고 뭔가 바꾸어야 한다고 느끼는 것, 이것이 연대의 첫 출발이다. 모든 변화의 근원에는 언제나 '연대'가 있다. 연대라는 것은 혼자가 아닌 함께 뜻을 모아 실천하는 힘이다. 그 연대의 기반은 우리 사회의 부조리에 관한 관심, 사회적 약자에 대한 동감이다. 학생들이 앞으로 살아갈 세상의 목소리에 귀를 기울일 수 있도록 돕는 수업을 하고 싶다. 이때, 이 연대의 대상에는 '나'가 포함된다. 나를 제외한 타인을 위한 희생적인 연대가 아니다. 우리 모두를 위한 연대이다. 왜냐하면 우리 사회는 모두 연결되어 있기 때문이다. 중국 우한에서 시작된 아주 작은 사건 하나로 우리의 일상이 바뀐 것만 보아도 그렇다. 우리 사회의 모든 구성원이 각자의 삶을 건강하게 지탱해 나갈 수 있어야 나의 삶 또한 행복해질 수 있다.

나와 함께 수업한 학생들이 세상 밖으로 나가 자신의 생각을 사람들과 공유하고 그 사람들이 또 자신의 가치를 나누고 이러한 일들이 누적된다면 언젠가는 나의 외침이 이 세상에 공명하여 큰 울림으로 나타나게 될 것이다. 물론 내 수업을 함께하는 모든 학생이 현실 사회에 문제 인식을 가지고 그것을 개선해 나가는 데 앞장서지는 않을 것이다. 하지만 그러한 수업이 하나의 작은 불씨가 되어 언제 그것이 불타오를지는 아무도 모를 일이다. 나는 그저 작은 씨앗을 심었다는 것만으로도 족하다. 따라서 내 수업의 가치는 '세상을 더 나은 방향으로 바꾸어가는 연대를 형성'하는 데에 있다. 나의 수업이 나비의 날갯짓처럼 태풍을 불러일으킬 수 있기를 간절히 바란다.

다음으로 연대를 위해서는 학생들의 동료 의식을 구축하는 것이 필수이다. 학생들이 학급 내에서부터 서로를 함께 살아가는 사람이라고 여기게 해야 한다. 따라서 내 수업에는 '같이의 가치'가 담겨 있다. 학생활동 중심 수업, 프로젝트 수업을 실천할 때는 어김없이 모둠활동이 따라온다. 올해 학교로 복귀해서 가장 조심스러웠던 부분이 바로 이것이었다. 침 튀기고 몸을 부대껴가며 마음껏 소리칠 수 있었던 예전의 그 시간이 얼마나 그리웠는지 모른다. 그래서 오프라인 수업에서 모둠활동을 해야 할 때는 수차례 주의를 준 다음에야 활동을 시작할 수 있었다.

올해는 동료 의식을 형성하는 것이 그 어느 해보다 녹록지 않았다. 학생들이 코로나로 인해 격주 등교를 하는 데다 체육대회나 현장 체험학습과 같은 학년·학급 단위의 단체 행사들이 모두 취소되어 관계를 맺을 수 있는 기회조차 얻지 못했기 때문이다. 그 결과 한 학기 동안 자기 반 친구들의 이름과 얼굴도 제대로 익히지 못한 상태에서 모둠활동을 하려니 어려움이 참 많았다. 그런데도 학생들의 모둠활동에 대한 만족도는 매우 높았다.

올해 1학기 국어 수업 만족도 설문에서 한 학기 동안 진행된 수업 활동 중 가장 기억에 남는 것을 고르라고 하자 학생들은 주저 없이 모둠활동으로 진행된 카드 뉴스 만들기와 토론을 뽑았다. 참고로 토론은 8명의 토론자를 선정하여 각 4명씩 찬반을 나눈 후 팀별로 함께 발언 내용을 준비하는 방식이었다. 학생들에게 기억에 남는 이유도 함께 적도록 하였는데, 대다수가 온·오프라인에서 친구들과 함께 의견을 나누고 소통하는 과정이 비록 힘들었지만 뜻깊었다고 대답했다. 더불어 2학기 때도 꼭 모둠활동을 하고 싶다는 의견이 많았다. 아무래도 모둠활동이 많이 줄어들다 보니 모둠활동에 대한 학생들의 갈증은 점점 더해져만 가는 듯하다.

격주로 진행되는 온·오프라인 수업이 연계되도록 한 학기 수업 계획을 세우고, 카메라 켜기를 극도로 꺼리는 아이들과 온라인 수업 방에서 소통하고, 이다지도 진도 나가기 어려운 상황 속에서 1·2차 고사를 준비하는 등 교단에 선 이후로 정말 역대급 수업 난도였지만 고민이 많았던 만큼 그 보람도 배가 되었기에 지금은 참 잘했다고 과거를 회상하며 스스로 토닥토닥할 수 있는 여유가 생겼다.

더불어 소통하며 배움을 구현하는 모둠활동은 2015 개정교육과정의 핵심역량 중 의사소통역량과 공동체 역량 함양에 긍정적인 영향을 끼친다. 자기 생각과 느낌을 효과적으로 표현하고 타인의 말과 글에 담긴 의도를 제대로 이해하고 소통하는 과정에서 갈등을 효과적으로 조정하는 능력도 길러진다. 또한 나와 다른 생각을 가진 다양한 사람들과 협업하여 우리 사회의 문제를 해결함으로써 시민의식, 준법정신, 정의감, 나눔과 배려 등도 내면화할 수 있다.

특히 모둠활동의 가장 큰 가치는 '협업'에 있는데, 독일에 '눈 두 개보다 눈 네 개가 더 잘 보인다'라는 말이 있다. 한 개인이 아무리 뛰어나다 하더라도 개인의 생각과 경험에는 한계가 있다. 갈수록 복잡해지는 현실 사회의 다양한 문제는 더 이상 한 개인이 해결할 수 있는 수준을 넘어섰다. 나는 모든 학생이 다 함께 참여하여 동등하게 의견을 내고 지혜를 모을 수 있는 수업을 꿈꾼다. 이 과정에서 학생들 개개인의 다양성은 살리되, 서로 논의를 이어가는 과정에서 더 풍성한 아이디어가 형성되기를 바란다.

올해 1학기 수업에서도 나는 작은 변화를 위해 학생들과 연대했다. 평소 동물을 좋아하는 내가 한 유튜브 영상을 보고 펑펑 눈물을 쏟은 일이 있었다. 실험실 토끼가 고정틀에 갇혀 눈이 화학물질로 범벅이 된 끔찍한 상황에서도 옆 토끼의 눈을 핥아주는 모습이었다. 토끼 눈이 눈물의 양이 적고, 눈 깜빡거림도 거의 없어 화장품이 눈에 들어갔을 때 점막을 자극하는 정도를 알아보기 위한 '드레이즈 테스트'에 자주 사용된다고 한다. 평균적으로 토끼의 눈 점막에 3천 번 이상의 마스카라를 바르게 되는데 대개의 경우는 이 과정에서 토끼가 실명하거나 죽게 된다.

내가 이 동물들을 위해 할 수 있는 일이 무엇일까 고민하다 모둠별로 크루얼티프리 카드뉴스 만들기 수업을 디자인하였다. 크루얼티프리(Cruelty-Free)란 동물 실험을 하지 않거나 동물성 원료를 사용하지 않고 만들어진 제품 및 서비스를 말한다. 기존의 텍스트 중심의 컨텐츠가 아닌 이미지 기반의 카드 뉴스를 활용하여 모둠별로 전달하고자 하는 메시지를 시각적 이미지와 적절한 문구로 표현하게 하였다. 크루얼티프리의 등장 배경과 역사부터 현재 판매되고 있는 크루얼티프리 제품에 대한 소개, 크루얼티프리 제품의 가짜 마크와 진짜 마크를 구분하는 방법까지 정말 다양한 발표가 공유되었다.

그중 한 모둠의 발표에서 직접 크루얼티프리 화장품을 사용해보고 그 후기를 들려준 학생들이 있었다. 크루얼티프리 카드뉴스 제작하기 모둠활동을 하면서 해당 제품에 관심을 가지게 되었고, 직접 사용해보면 좋겠다고 생각하여 구입까지 결심했다고 하였다. 카드뉴스를 제작하고 발표가 진행되는 한 달 넘는 기간 동안 크루얼티프리 제품을 직접 사용해본 결과 화장품의 성분이 순해서 매우 만족도가 높았다고 한다. 심지어 주변 친구들에게도 해당 제품을 추천하여 함께 쓰게 되었다고 하였다. 나의 수업에서 연대와 협업이 또 이렇게 일어나고 있구나. 참 고맙다.

물론 모든 학생이 이처럼 내가 바라던 행동 결과를 보이지는 않는다. 그리고 만약 그렇다면 나는 인간이 아니라 신일 것이다. 교사 초임 시절에는 모든 학생을 바람직한 방향으로 변화시키고 싶었다. 그리고 그렇게 되지 않으면 답답해하고 마음 아파했다. 하지만 학생들 저마다의 방향성과 속도가 있다는 것을 나는 이제야 체감하게 되었다. 나의 수업에 담긴 메시지를 빨리 내면화하여 그것을 행동으로 나타내 보여주는 학생이 있는가 하면, 아주 오랜 세월이 지나 문득 삶의 한 장면 속에서 나를 떠올리며 그제야 나의 생각에 고개를 끄덕이는 학생도 있을 것이다. 물론 평생 내가 의도한 수업 결과를 보여주지 못하는 학생도 나올 것이다.

이러면 어떠하고 저러면 어떠하랴. 한 시간 동안 같은 공간에서 나와 함께 호흡하고 내 생각을 공유했다는 것만으로도 고맙다. 내가 우리 학생들과 함께 나누고 싶은 우리 사회의 불편한 이야기들을 들어주는 것, 우산 속에서 어깨를 부딪히며 세차게 내리는 비를 함께 맞고 있는 것만으로도 충분히 마음속에서 따뜻한 연대를 느낄 수 있다. 오늘도 나는 아이들과 함께 비를 맞으러 교실 속으로 들어간다.

배운 것을 써먹는다는 건
학생들이 삶에서
필요한 것을 배웠다는 거야.

마나미나

활활화영

우산 속에서 어깨를 부딪히며
세차게 내리는 비를 함께 맞고 있는 것만으로도
충분히 마음속에서
따뜻한 연대를 느낄 수 있었어.

나는 동료교사의 시선으로부터 자유로운가요
실패에 대한 두려움은 왜 생기는 걸까요
개인의 삶 VS 교사의 책임, 무엇이 중요한가요
배운다는 것은 무엇인가요

3부

두려움

나는 동료교사의 시선으로부터 자유로운가요

아람민영

"나는 자유라는 직선을 좋아하지만, 단 한 번도 그 직선으로 똑바로 걸어가지 못한다."

아니 에르노, 《얼어붙은 여자》

자유라는 단어에 며칠간 속박되어 있었다. 글 한 편을 쓰고 수정을 거듭하면서 나는 내가 싫어졌다. 자유를 바라는 삶을 이야기하면서 아무리 글을 고치고 또 고쳐도 내게 자유라는 개념은 너무나도 얇고 희박한 갱지 같은 것이었다. 그런 주제에 감히 자유를 말한다고? 철학을 자기화하여 논지를 펼치던 누군가의 자신감 넘치는 강연이 떠올랐다.

움츠러들었다. 그런데 잊고 있었다. 자유를 말하던 그분과 나의 성별이 다르다는 것을. 그래, 지나가는 말로 이런 말을 들은 적도 있었지. "네가 남자로 태어났으면 뭔가 더 큰 걸 해냈을 텐데."

아니 에르노의 책을 읽었다. 책에 대한 감상을 쓰기는 쉬웠지만 쉽지 않았다. 너무나도 내밀한 나의 이야기를 끄집어낼 수밖에 없게 만드는 '현재와 현재의 삶'이 생생하게 담겨 있었기 때문에.

현재는 결코 멈추지 않는다. 주변 친구들에 비해 빨랐던 결혼, 주변에 단 한 명도 '조언'이라는 것을 해줄 만한 결혼한 지인이 없었던 환경, 출산하기 전에 한 권씩 사서 읽다 보니 어느새 40여 권이 넘게 책장 한 칸을 가득 차지하던 육아서들. 때로는 서로 의견이 상충하던 육아서들과 어느 책 한 권의 실질적인 조언대로 시간대별로 체크 리스트를 적어가며 매일 아이가 꼬박꼬박 시간마다 정량을 먹었는지, 배변을 몇 회 어느 시간에 했는지, 산책을 제 시각에 했는지, 키와 몸무게가 월령에 맞춰 성장하고 있는지 기록하며 손때 묻어가던 수첩.

육아휴직은 당연한 선택이라 여겼지만 '편안하게 놀고 있는 시간'이라 여기는 시선을 받게 될 줄은 몰랐다. 누군가에게는 너무나도 당연한 것이 나에게는 왜 그리 합당하지 못한지, 누군가에게는 불쾌하고 기분 나쁜 일이 왜 나에게는 비합리적인 불평으로밖에 들리지 않는지. 그 차이의 사이에서 왜 나는 그냥 아무 말도 하지 않고 주억거리게 되는지, 왜 나는 죄송해해야 하는지, 이 문장들을 쓰면서 왜 자꾸 검열하게 되는지 나는 내가 모순덩어리가 될 수밖에 없는 이유를 불현듯 깨닫는다. 이 사회와 문화와 구조 안에서 나는 온전한 진실을 굳이 말하지 않아 왔고, 결코 말할 수도 없다. 늘 내게는 '그래도'가 붙으니까.

"그래도 너는 교사잖아. 육아휴직을 신청할 수라도 있잖아."
"그래도 너는 낫지. 남편이 잘 도와주잖아."
"그래도 너는" "그래도 너는" "그래도 너는" …

30대 초반, 나보다 한두 살 어린, 남성이자 기혼인 선생님들께서 모여 대화하는 자리에 우연히 서류를 들고 간 적이 있었다. 정말 평범한 일상의 한 장면일 뿐인데, 그들은 기억하지조차 못할. 그들은 부장에 대해 이야기하고 있었다. 그러니 어떤 특정한 사람이 아닌 '부장'이라는 것에 대해. 어느 학교에서든 일반적으로 '담임'은 '기피 업무'이지만 당시 우리 학교는 담임이 크게 기피 업무가 아니었다. 교사 입장에서 매우 편안한 '착하고 시키는 대로 잘하는, 아니, 시키지 않아도 알아서 하는' '여고'였으니까. 그렇지만 기피 업무라는 이름과 함께 비담임에게 업무를 분담하는 구조로 '공평하게' 업무 분장이 이루어졌다. 그렇게 나는 담임을 맡지 않은, 즉, 기피 업무를 맡지 않은 놀랍게 특혜 받은 교사로 살았다. 교무부의 온갖 페이퍼들을 종종거리고 들고 다니며. 그런 내게, 그리고 내 또래의 동료 기혼 여교사들에게 '부장'이라는 단어는 입에 오르내리지조차 않을 단어였다. 어디 감히. 오해가 있을까 봐 덧붙인다. 담임과 야간 자습 감독을 하며 힘들게 육아를 병행한 동료들도 있었다. 말하고 싶은 건 누군가의 시선을 견뎌야 했던 그때의 감정일 뿐 편가르기가 아니다.

> "해방과도 같은 독서. 이 책들의 작가가 남자고, 그 주인공들 또한 남자이지만 나는 아무런 주의를 기울이지 못한다."
>
> 아니 에르노, 《얼어붙은 여자》

자유라는 건 끝없이 투쟁하여 쟁취해내야 하는 것인가?

자연스럽게 태생적으로 가질 수 있는 자유란 존재하지 않는 것인가? 자유롭지도 않고, 자유로울 수도 없는 사람은 자유를 말할 자격이 없는 것인가? 나는 최근 며칠간 스스로가 싫어졌던 이유를 정말 의외의 곳에서 찾았지만, 그건 사실 결코 의외의 곳이 아니었다. 그 장소는 출산을 이유로 영원히, 내 삶의 마지막 순간까지 지워지지 않고 지울수도 없는 '엄마'라는 단어와 함께 멈추지 않고 존재하니까. 사전에서 찾은 '아이가 딸린 여자'라는 의미가 사전의 의미를 넘어 사회, 문화적으로 얼마나 다양하게 해석될 수 있는지 우리는 이미 아니까. 삶이 다양한 해석의 가지 끝에서 얼마나 위태롭게 흔들리고 있는지 그냥 경험으로 아니까. 굳이 말하지 않아도. 무수한 '나'들의 이야기니까.

그래서 나는 결국 다시 적어보려 한다. 내게는 언감생심 꿈도 꾸기 어렵고 꿈을 꿀 기회도 허락되지 않았던 단어, 그렇지만 결국 기록하는 자의 몫으로 겨우겨우 등에 짊어지고 끙끙대는 단어, 자유. 새벽 다섯 시에 일어나 허둥대며 아침을 준비하고 원거리 출근을 하며 한 학기 내내 아이들이 무슨 옷을 입고 가는지, 머리를 어떻게 묶고 가는지 모른 채 사는 주제에 감히 말하는 단어, 자유. 내가 적었던 글 안에 적힌 '주체성'과 '선택'이라는 단어가 왜 그렇게 모순되고 불편했을까. 왜 나는 그걸 나에 대한 혐오로 귀결시키고 있었던 것일까. 여전히 자기혐오는 자기애가 되지 않고 그저 자기동정으로 흐른다. 자아 성찰보다 측은한 자기 분열이 일어나는 지금 시각은 새벽 2시 48분.

재미선아

동료 교사가 내게 불편한 시선을 보낸 적이 있을까? 잘 모르겠다. 내가 관심법을 쓸 수 있는 사람도 아니고 그들의 마음을 어찌 알겠나. 그런데 그들이 나를 불편하게 바라보는 것 같다며 내가 느낀 적은 있었다. 진실일지 아닐지 모른다. 도둑이 제 발 저린다고 괜히 내가 찔려서 그런 것일 수 있다.

여자는 결혼하면 인생이 바뀐다고들 한다. 미혼일 시절에는 그 말이 꽤 불쾌했다. 성차별적인 말 같기도 했다. 남자는 뭐가 다르지? 인생이 바뀌는 것은 똑같지 않나? 그런데 결혼을 하고 아이를 낳고 나니, 억울하지만 인정해야겠다. 남자도 결혼을 하면서 인생이 바뀌긴 한다. 그런데 여자에 비할 바가 못 된다. 이런 말 하고 싶지 않지만 현실이 그런 것을 어쩌겠나. 아무리 아빠 육아가 대세라고 해도, 아이는 엄마 손이 더 많이 간다. 아빠가 잘 해줘도 그렇다. 아이는 태생적으로 엄마를 더 좋아하는 것 같다.

미혼일 때의 나는 나름대로 '핵심 일꾼'이었다. 인문계 고등학교에 근무하며 매년 담임을 맡았고, 선생님들이 기피하는 온갖 보충 수업을 떠안았다. 미혼이니 시간이 넘치기도 했고 또 돈을 번다는 생각도 있었다.

그런데 결혼 후 임신을 하고부터 모든 게 변했다. 1월에 임신을 확인했을 때, 당장 올해는 담임을 맡으면 안 되겠다는 생각부터 들었다. 9월에 출산을 하면 담임이 교체되는 것이니까 학생들에게 큰 피해가 간다는 생각이 들었기 때문이다. 동료 교사들이 내가 임신을 핑계로 담임 교사에서 빠진다고 생각하지 않을지 걱정이 앞섰다. 담임교사를 기피하는 현실에서, 임신을 했다고 무작정 기뻐할 수 없는 것에 슬픈 웃음이 났다.

다행히도 여러 선생님의 배려로 그해에 비 담임이 되었다. 얼마 안 되어 '모성보호시간'이 있다는 것을 알게 되었다. 임신 중인 교사가 하루 2시간 이내에 근무시간을 단축할 수 있는 제도였다. 하지만 내가 2시간 늦게 출근하거나 2시간 빨리 퇴근해도 대체 인력은 없었다. 결국은 다른 교사가 나의 공백을 메울 수밖에 없었다는 것을 인지한 뒤, 나는 그 제도를 이용할 수 없었다. 시간이 흐를수록 몸은 점점 무거워지고 혹시나 교사에게 흔하다는 유산이 될까 봐 조마조마했지만, 나의 임신으로 누군가에게 피해를 주고 욕을 먹게 될까 봐 두려웠다.

그렇게 나는 출산 직전까지도 출근하고 보충수업을 하면서 모성보호시간을 쓰지 않았다. 몸이 힘들어도 여교사 휴게실에서 휴식을 취하지도 않았다. 그때 여자 교감 선생님께서 내게 '무리하지 마라. 있는 제도를 잘 활용해라.'라고 격려해주셨지만 내 마음이 편치 않다는 이유로 그러지 않았다. 그 영향인지는 모르겠지만 양수가 빨리 터져서 출산 예정일보다 이른 출산을 했다.

과연 무엇이 나를 그렇게 만들었을지 이제야 생각해본다. 나의 책임감? 또는 죄책감? 아니면 타인에게 욕을 먹기 싫다는 착한 사람 콤플렉스? 아마도 세 가지 모두 영향을 미쳤겠지만, 가장 큰 것은 동료 교사의 시선일 것이다. 미혼이 많은 교직의 특성을 생각해볼 때, 모성보호시간을 쓰는 임신부들을 잘 이해하지 못할 것 같았다. 특히 미혼인 선생님에겐 몇 년씩 연달아 고등학교 3학년 담임을 맡기기도 하는 게 학교의 현실이니까. 임신했다고 담임도 안 하면서, 퇴근까지 일찍 하며 업무 처리를 늦게 한다는 건 누군가에게는 상대적 박탈감이 될 수도 있으니까.

동료 교사의 시선을 지나치게 생각했음을 안다. 아이는 지금 건강하게 잘 자라고 있지만, 타인을 너무 생각해 나의 권리를 제대로 사용하지 못했다는 자괴감이 들 때도 있다. 어쩌면 그때 나와 함께 근무했던 동료 교사들은 전혀 나를 불편해하지 않았을 수도 있다. 하지만 내가 느꼈던 나 스스로의 불편함, 그것이 나를 너무 힘들게 했다. 사실은 동료 교사의 입장도 이해가 되었기 때문에 마음이 더 복잡했다.

육아휴직을 끝내고 복직하면서 아이의 어린이집 하원을 위해 육아시간을 사용해야 했을 때, 그때 또 한번 나는 거대한 벽에 직면했다. 남편은 회사원이라 교사보다 퇴근 시간이 늦어 아이를 하원시킬 수가 없었다. 친정엄마의 도움도 있었지만 매일 그럴 수 있는 것은 아니었다.

결국 내가 육아시간을 사용해야만 했는데, 그 말을 꺼내기까지의 그 망설임과 마치 내가 죄인같이 느껴졌던 그 상황이 아직도 기억난다. 육아시간을 쓰면 시간표를 조정할 수밖에 없는데 그러면 나 대신 누군가가 기피하는 1, 7교시를 많이 맡아야만 하는 현실도. 그 현실 속에서 나는 자유로울 수 없었다.

요즘도 물론 그렇다. 육아시간을 쓰고 이르게 퇴근할 때면 죄인 같은 마음이 든다. 그래도 당당하게 사용하곤 있지만, 무언가 잘못되었다는 생각이 든다. 내가 육아시간을 사용하지 않는 날에는 친정엄마가 아이 등하원을 해주시는데, 부모가 아이 하나를 제대로 양육할 수 없는 우리나라의 현실이 답답하다. 결국은 또 '여성'인 친정엄마에게 기대야 하는 현실도.

결국은 제도의 정비가 가장 필요하다. 임신부와 육아하는 부모를 배려한다면서 여러 가지 제도를 만들어놓았지만, 결국 그 공백을 다른 교사가 메꾸게 만들어서 그들의 워라밸을 무너뜨리고야 말았다. 구체적인 대안이 없는 주장은 허상이 되고야 말지만 그래도 말해야겠다. 모성보호시간과 육아시간을 마음껏 쓸 수 있게 하려면, 진정 아이 키우며 일하는 사람들을 생각하고 있다면, 다른 교사에게 짐을 지우지 않는 방안이 필요하다. 더 이상 교사들끼리 얼굴 붉히고 죄책감을 느끼는 슬픈 일은 없었으면 좋겠다. 부디 우리 학생들이 살아갈 세상은 더 좋은 곳이기를, 나 포함 어른들이 그렇게 만들어가기를 바라본다.

아람민영

*
이 사회 안에서 나는
온전한 진실을 굳이 말하지 않아 왔고,
결코 말할 수도 없다.
늘 내게는 '그래도'가 붙으니까.

재미선아

그때 나와 함께 근무했던 동료교사들은
전혀 불편하지 않았을 수도 있다.
하지만 내가 느꼈던 스스로의 불편함,
그것이 나를 힘들게 했다.

*

실패에 대한 두려움은 왜 생기는 걸까요

활활화영

아버지께서 평생 몸담은 직장을 퇴사하고 1년쯤 지났을 때의 일이다. 주말에 본가에 갔더니 아버지께서 곱슬머리를 하고 계셨다. 얼굴도 동그랗고 풍채도 좋으신 편인데, 머리가 곱슬거리는 모양이라니 여간 웃기지 않았다. 한참을 깔깔거리다 아버지께서 파마한 연유를 듣게 되었다. 아버지께서는 평생 한 번은 꼭 파마가 해보고 싶었다고 하셨다. 그런데 주변 사람들의 시선 때문에 선뜻 엄두가 나지 않으셨다고 한다. 곰곰이 생각해보니 아버지께서 60대가 될 때까지 단 한 번도 파마한 모습을 본 적이 없었다. 아버지 말씀으로는 그깟 파마라고 표현했지만, 사실 아버지는 환

갑이 지나서야 두려움 하나를 떨쳐내신 것이었다.

인간은 '사람 인(人)'의 모습처럼 혼자서는 살 수 없는 존재이다. 다른 사람들과 더불어 공동체 생활을 해나가는 과정에서 한 사회의 구성원으로서 제대로 성장해 나갈 수 있다. 그런데 이 과정에서 인간은 사회의 규범과 규율을 학습하여 타인으로부터 배척당하지 않고 호감을 얻는 기술을 습득하게 된다. 특히 우리나라와 같이 개인보다는 사회·집단의 중요성을 강조하는 곳에서는 사회적 가치와 타인의 시선에 개인이 종속될 수밖에 없다. 즉 개인적 자아는 사회의 구성원으로 성장하는 과정에서 사회가 규정하는 '정상'에서 벗어날 수 없음을 깨닫게 되고 이는 곧 혹여나 이 기준에서 벗어났을 때의 두려움으로 발전하게 된다.

사실 실패에 대한 정의와 기준도 사회적 가치로부터 학습되는 것이지, 누가 감히 무엇을 실패라 단언할 수 있겠는가. 우리 사회에서는 대다수 사람이 바라는 주류적 가치를 성취하지 못하는 것을 '실패'라고 규정한다. 그리고 그 실패를 경험한 사람은 가차 없이 집단에서 배제되는 경험을 하게 된다. 그래서 타인의 평가와 시선이 그의 사회적 자아를 결정한다고 해도 과언이 아니다. 이것을 잘 보여주는 쇼펜하우어의 말이 있다.

'사람은 칭찬에 약하다. 거짓말이어도 좋아한다. 그리고 남이 무시하는 것에는 심하게 슬퍼한다.'

얼마나 인간이 본성적으로 나약한 존재인가. 자신의 감정을 스스로 결정하지 못하고 타인에 의해 지배당하게 되니 말이다. 무섭게도 이러한 경험이 누적될수록 두려움은 학습되어 인간은 더 이상 실패하지 않으려 아등바등하게 된다. 그러나 이 실패란 것은 얼마나 무서운 것인지 자신이 직접 겪지 않고도 타인의 실패를 관찰하는 것만으로도 강한 두려움을 불러일으킨다.

나의 마음속에도 실패한 자아가 울고 있다. 어렸을 때부터 곧잘 공부하던 편이라 실패의 경험이 부족했다. 하지만 그럴수록 실패하면 안 된다는 강박이 더 심해져 갔다. 다른 친구들의 실패하는 모습을 보면서 나 자신은 저렇게 되지 않으려고 더욱 조바심을 내게 되고, 그 때문에 시험 불안도 심해졌다. 하지만 임용고시에 불합격하면서 나의 성공 신화는 무너졌고 그것을 대신할 실패의 스토리가 펼

쳐졌다. 타인이 나를 어떻게 볼지가 두려워 공동체에 나아가지 못하고 숨기 바빴다. 인생의 패배자라는 낙인을 스스로 내 가슴에 새기기도 했다. 그때는 실패가 '끝'인 줄 알았다. 하지만 지금 돌이켜보면 그것은 하나의 '과정'이었다. 그리고 그 과정이 있었기에 다양한 학교에서 계약직으로 근무하며 경험의 폭을 넓힐 수 있었고, 지금 이 일의 소중함을 누구보다 잘 알고 열심히 임하는 교사가 될 수 있었다.

다른 사람들의 시선에 개의치 않고, 스스로를 사랑하는 용기가 필요하다. 가끔은 사람들의 눈을 의식하지 말고 내 멋대로 살아보자. 여기서 내 멋대로란 나의 가치관과 철학에 부합하는 말과 행동을 선택하는 것이다. 나는 그 선택에 당당하며 책임지는 모습을 보인다. 그러기 위해서는 사회가 규정해놓은 가치에 나를 매몰시키지 말고 나의 욕구에 민감하게 반응할 수 있어야 한다. 타인의 요구가 아닌 나의 욕구에 귀 기울이는 것 말이다.

그렇다면 실패에 대한 두려움을 없애기 위해서는 어떻게 해야 할까? 첫째, '실패'란 없다. 에디슨의 일화에도 등장하는 말이다. 에디슨은 전구를 만들고자 천 번 이상의 시도를 했다고 한다. 그가 실패를 너무 많이 해서 학생들이 그에게 실패가 두렵지 않냐고 물었다.

"나는 실패한 게 아니야. 그저 그게 작동하지 않는 1,000가지 방법을 발견한 거야."

결국 '실패'에 대한 남다른 인식을 가졌던 에디슨은 이러한 과정들을 통해 수많은 발명품을 만들 수 있었다.

둘째, 마음껏 '실패'해보자. 미국의 스미스 대학교에는 '잘 실패하기' 프로젝트가 있다. 학생과 교수가 겪었던 실패를 서로 공유하여 실패는 누구나 겪는다는 것을 배우게 한다. 학생들은 실패를 통해 배우고, 이러한 경험이 누적되면 실패를 두려워하지 않게 된다. 인간의 삶이란 본디 실패의 연속이다. 실패를 거치지 않고서는 성공에 도달할 수 없다. 실패란 성공의 어머니라는 말이 있듯이 실패를 통해 문제를 진단하고 이를 개선해 나가다 보면 점차 성공에 가까워지게 된다.

셋째, 회복 탄력성을 높이자. 회복 탄력성이란 'resilience'의 번역어로 실패에 의해 변형된 상태에서 원 상태로 되돌아가려는 힘이다. 즉 실패를 극복하고 오뚝이처럼 다시 일어서게 하는 긍정적인 에너지를 뜻한다. 특히 미래 사회를 살아갈 학생들에게 꼭 필요한 역량이 바로 회복 탄력성이다. 미래 사회의 가장 중요한 속성은 예측 불가능성으로 앞으로 우리 사회는 급격하게 변화할 것이다. 그에 따라 학생들의 실패 경험은 더 늘어날 수밖에 없다. 결국 미래 사회에 잘 적응하기 위해서는 이러한 실패에 좌절하지 않고 또다시 도전할 수 있는 회복 탄력성이 필수이다.

회복 탄력성만 있으면 실패도 얼마든지 성공이 될 수 있다. 이러한 회복 탄력성은 자신의 역량을 신뢰하고 스스로를 존중하는 자기효능감과 자아존중감을 바탕으로 형성된다. 자신을 믿고 사랑하는 마음이 없으면 실패로 인한 손상을 회복할 수 없기 때문이다. 따라서 회복 탄력성은 가정과 학교에서 자신을 존중하고 자신이 가진 내적 에너지를 믿는 힘을 학습하면 얼마든지 후천적인 노력으로 향상될 수 있다.

"당신은 실패가 두렵습니까?"

마나미나

나는 임용고시 장수생이었다. 27살에 처음 시험을 쳐서 33살에 교사가 됐다. 첫 시험에 떨어지고 나서는 괜찮았다. 임용고시가 초수에 붙는 경우가 많지 않았고 한 번 더 도전하면 될 것 같았기 때문이다. 큰 시험에서 처음 떨어져 본 거라 충격이 있긴 했지만, 잠시 방황하고 다시 공부를 시작했다. 쉬는 시간에는 도서관에 앉아 사람들을 구경했다. 다들 나와 비슷한 모습으로 책을 보고 있었다. 나도 동참했다.

하루는 점심을 먹고 잠시 쉴 겸 친구들 SNS에 들어갔다. 먼저 취업한 친구들이 예쁘게 꾸미며 입고 맛있는 음식을 먹고 있었다. 별생각 없이 열심히 구경하다가 문득 내가 도서관에 있다는 사실을 느꼈다. 급하게 컴퓨터를 껐다. 동참할 수 없는 현실이었다. 친구들이 모두 나간 학교 교실에 나 혼자 앉아 있는 느낌이었다. 도서관의 더 좋은 점을 찾기 위해 무던히 애를 썼으나 실패했다. 한참을 울었다. 다음 시험에는 무조건 붙어야 한다는 다짐과 함께 떨어지는 것에 대한 두려움이 생겼다.

실패에 대한 두려움은 비교에서 시작됐다. 나보다 더 잘하는 사람을 보면 남과 비교하게 되고 노력했는데도 결과가 만족스럽지 못하면 상상 속 나와 현실의 나를 비교했다. 비교하는 것보다는 스스로 인정하는 것이 낫다는 것은 알았지만 실제로 마음먹기 쉽지 않았다. 마음의 여유가 없을 때는 더 그랬다. 비교하지 않으려고 혼자서 애를 썼던 기억이 있다. 내가 못나 보여 더 다그쳤다.

계속된 실패는 더 큰 두려움을 낳았고 내 존재를 부정하게 했다. 시험에 실패한 것과 나를 실패자라고 낙인찍는 것은 다른 것임에도 불구하고 자책이 계속되었다. 자책한다고 해서 두려움이 사라지는 것도 아니었는데 그땐 실패에 대한 두려움을 어떻게 다뤄야 할지 몰라 스스로 괴롭히며 견뎠던 것 같다. 당시에 내가 감당할 수 있는 두려움을 넘어섰던 것은 아니었을까. 생각해보면 시험에 떨어진 날은 바로 현실을 받아들였는데 시험에 붙은 날은 합격의 기쁨이 너무 낯설어 멍했던 것 같다. 계속된 실패의 힘이었다. 아닐 수도 있다는 생각에 두려움이 사라지지 않았다.

시험을 위한 공부는 결과가 합격과 불합격으로만 나뉜다. 현실적으로 봤을 때 6년간 실패했다는 뜻이고 내 노력은 오랜 시간 무의미했다는 뜻이다. 하지만 합격·불합격이 다였을까. 시험을 치러 오면서 변한 건 없었을까. 여태 모르고 살았는데 최근에 읽어 본 그 당시 일기장에서 시험에 떨어질 때마다 내가 했던 행동이 매년 조금씩 달랐다는 것을 발견했다.

처음에는 당황해서 방황했다. 건물로 빽빽한 큰 도시에 내가 들어갈 곳이 없었다. 두세 달을 아무것도 못하고 자책만 했다. 마음이 다시 조급해지면 그제야 공부를 시작했다. 시험에 떨어지는 경험도 경력이 되는 것인지 서너 번 떨어지고 나니 조금씩 달라졌다. 시험에 붙지 못할 수도 있다는 생각을 초수 때보다 더 많이 하긴 했지만, 그 생각과는 별도로 내 몸은 벌써 공책을 사서 작년의 시험 준비가 무엇이 잘못되었는지 다 적고 있었다. 그리고 지금 고칠 수 있는 부분들을 체크했다. 속으로 알고 있어도 직접 손으로 써보는 것은 도움이 많이 됐다. 그리고 욕심을 버리고 내가 체크한 부분에만 집중했다. 작은 성취감이 생겨났다. 내가 실패 속에서 성장했다고 생각하는 이유는 이 작은 성취감 때문이다. 그 시간들이 모여 나를 두려움에서 벗어나게 해주었다. 두려움을 벗어나면 실패한 경험은 인생의 좋은 스승이 된다는 것을 책이 아니라 스스로 배운 6년이었다. 시험이 끝난 후 지금까지 '작은 성취감', '시간' 그리고 '노력'이란 단어가 내 속에 남아 힘을 준다. 실패가 내게 준 선물이라 생각한다.

학생들의 모습에서 내 모습을 많이 본다. 학력 수준이 높은 학생들은 더 잘하는 친구와 비교하며 실패를 두려워한다. 학력 수준이 낮은 학생들은 학습된 무기력으로 자신을 비난한다. 미래에 대한 불안함을 점점 더 크게 느낀다. 아직 시작도 하지 않았는데 학생들의 머릿속에서 실패는 절벽에서 떨어지는 것과 같은 의미인가 보다. 이해가 너무 잘 돼서 마음이 무겁다.

배우는 과정에서 실패를 경험하지 않는 사람은 아무도 없다. 사람마다 정도는 다르겠지만 누구나 실패하고 좌절한다. 그렇다면 실패에 대한 두려움은 배움의 과정을 끝까지 가보지 못했거나 충분히 이해하지 못해서 오는 것은 아닐까. 실패는 끝이 아니라 배우면서 필수적으로 겪게 되는 과정이라는 것을 알게 되면 두려움 속에서도 해결책을 찾으려 애쓰지 않을까. 말만큼 쉽지 않다는 것을 아는 나로서는 글을 적으면서도 오지랖이란 생각이 멈춰지지 않는다. 그래도 적는다. 그 속에 힘을 주고 싶은 내 마음을 담는다.

"세 번 넘어졌든 열 번 넘어졌든 그냥 '넘어졌네. 그럼 일어나야지.' 하고 간단히 생각해 버려라. 횟수를 셀 필요가 없다."

법륜 스님의 말씀이다. 실패를 단순한 연습으로 받아들이라는 뜻인데 곱씹어 볼수록 맛이 담백하다. 계속 씹고 싶은 맛이다. 수업도 인생도 그런 맛이면 좋겠다. 실패할수록 깊은 맛이 나는 담백함. 학생들도 내 수업에서 그 맛을 알아가길 바란다.

★

다른 사람들의 시선에 개의치 않고,
스스로를 사랑하는 용기가 필요해.
가끔은 사람들의 눈을 의식하지 말고
내 멋대로 살아봐.

★

아직 시작도 하지 않았는데
실패는 절벽에서 떨어지는 것과 같나 봐.
학생의 마음이 이해가 너무 잘 돼서
마음이 무거워.

개인의 삶 VS 교사의 책임, 무엇이 중요한가요

재미선아

'맘충'이라는 단어로 경멸의 대상이 되는 엄마들. 비혼족, 딩크족이 많은 현시대 상황. 내 글이 워킹맘의 변명으로, 또는 '적당히'가 '포기'로 읽힐까 두려운 마음. 그래도 글은 나를 비추는 거울이므로 지금 내 상황에 맞게 솔직하게 이야기해보고 싶다.

초임 발령을 받고 결혼하기 전까지, 7여 년의 시간 동안 나의 개인적인 삶은 거의 없었다. 그때 내 관심사는 온통 학교였다. 어떻게 해야 좋은 교사가 될 수 있을지, 어떻게 해야 내 열정을 다 쏟아부을 수 있을지 고민했다. 모든 힘은 체력에서 나온다는 걸 깨닫고 몇 년간 요가, 필라테스, 배드민턴 등 온갖 종류의 운동을 열심히 하기도 했다. 그렇게 학생에게 집착하면서 쉽게 상처도 받았고, '내가 이렇게 노력하는데 너희는 왜 그걸 몰라주니'와 같은 어리석은 생각들을 하면서 나를 갉아먹었다. 그때의 나는 때론 행복했을 것이다. 하지만 자주 불행했던 것은 분명하다. 아무도 내 노력을 알아주지 않는 것 같아 속상했다. 그렇게 노력하면서도 교사가 아닌 행정가가 되어버린 느낌도 많이 들었고, 깊은 바닷속을 떠돌고 있는 것만 같은 느낌에 자주 울적하기도 했다.

가장 알아주기를 바랐던 학생들에게서 피드백을 받지 못하자 나는 더 깊이 침잠했다. 내가 아무리 노력하고 정성을 기울여도 몇몇 학생들은 야자를 튀었고, 가출하기도 했고, 공부에는 여전히 관심이 없었다. 그리고 내가 조금만 지친 것 같으면 아무렇지 않게 '선생님은 가식적이에요.'라는 말을 내뱉기도 했다. 내가 얼마나 너희에게 잘해주려 노력하는 줄도 모르면서. 내가 얼마나 희생하고 있는데. 나는 억울함에 자주 아팠다.

그러다 서른한 살에 결혼했다. 인생의 중대한 결정 앞에서 나는 오랫동안 고민했지만 결국은 이 남자와 꼭 한번 살아봐야 후회가 없을 거라는 결론을 내렸다. 신혼이 시작되었고, 나는 오갈 데 없었던 내 마음을 남편에게 쏟아부었다. 그렇게 지쳤던 영혼을 남편에게서 치유 받았다. 그러다 보니 한 발짝 물러서서 생각할 수 있었다. 학교보다, 교사라는 내 직업보다 남편과 나의 평생의 삶을 어떻게 꾸려갈지 고민했고, 저금은 얼마나, 자식 계획은 어떻게 등의 구체적인 내 삶에 더 집중하기 시작했다. 학생들은 여전히 야자를 튀었고, 가출하기도 했고, 공부에는 관심이 없었다. 그래도 나는 예전보다 흥분하지 않았다. 예전보다 속상하지 않았다. 그저 안타까운 마음이 컸다. 그렇게 나의 마음이 변하니 말투도 변했고, 생각도 변했고, 왜 나를 알아주지 않느냐고, 내가 살아보니 내 말이 다 옳다고 떼쓰던 꼰대+어린아이에서 이성을 가진 어른으로 새롭게 탄생할 수 있었다.

그때부터 거짓말처럼 편해졌다. 내가 교사로서의 삶에 너무나 잘못된 방향으로 많은 에너지를 쏟았고, 또 그 보답을 바라고 있었던 것이다. 그것이 학생들과 나를 더 멀어지게 만들었다. 사실 지금 돌이켜 생각해보면 그게 정말로 학생들을 위한 것이었는지도 잘 모르겠다. 난 누구를 위해 그렇게 열정을 쏟아부었는가? 그 잔소리는, 그 악담에 가까운 말들은 대체 누구 마음에 가닿았는가? 너희는 왜 내 마음을 몰라주냐고 쏟아내던 말들은 누구를 위한 것이었는가?

그때 알게 되었다. 뭐든 '적당히' 거리를 두어야 한다는 것을. '무모한 열정'이라는 단어가 왜 존재하는지도 말이다. 방향을 잘못 잡은 내 열정은 학생들을 괴롭혔다. 하지만 개인적인 내 삶에 집중하게 되자 저절로 학생들을 대할 땐 살짝 힘이 빠지면서 강약 조절이 되었다. 학생들은 그런 나를 더 좋아했다. 잘 웃고, 개인의 삶에 열중하고, 그러면서도 자신들을 사랑한다는 것을 은연중에 믿게 해주는 선생님을.

그때 잘 깨달았으면서도 아이를 낳고 나서 또다시 나는 무너졌다. 그때는 마침 휴직 중이라 교사로서의 삶은 안중에도 없었다. 나는 아이에게 예전 학생들에게 했듯이 열정을 쏟아부었다. 당연히 그럴 리가 없지만 내가 노력한 대로 착착 행동하지 않는 아이에게 매번 화가 났다. 내가 이렇게 노력하고 있는데 왜 아이는 내 마음대로 안 되는 걸까? 그때 내 모습을 안타깝게 지켜보던 친정엄마는 한마디를 하셨다. "애가 책대로, 의사가 말하는 대로 그렇게 크는 줄

아나. 엄마가 정해진 대로 한다고 해서 애가 그대로 크는 게 아니다. 그래서 부모되는 게 어려운기다."

그랬지 참. 나 과한 열정으로 한 방 먹은 적 있으면서도 또 그랬구나. 힘을 빼자 힘을 빼. 아이는 내가 좋아 낳은 것이고 부모인 내가 최선을 다하는 것은 당연한 거야. 아이가 내 식대로 되든 안 되든 그건 아이의 자유야. 학생들에게도 적당히 자유를 주고, 그들을 존중하고, 그들이 어떻게 커갈지 지켜보는 입장에만 충실해도 훨씬 좋아졌잖아. 그때 나는 적당히 '거리두기'가 부모 자식 간에도 해당되는 말이었다는 걸 알았다.

이야기가 길게 돌아왔지만 그래서 나는 개인의 삶과 교사의 책임은 둘 중 하나를 고를 수 있는 성질이 아니라고 생각한다. 이렇게 대결 구도를 붙일 수 있는 문제인지 잘 모르겠다는 뜻이다. 개인의 삶을 충실히 살아야만 교사의 책임도 더 잘 이루어낼 수 있다고 믿는다. 그래야 학생들에게 그 노력이 닿을 수 있다. 둘의 적당한 간격을 유지하면서 둘 모두를 충실히. 그건 너무 꿈같은 이야기일까. 그래도 그렇게 말하고 싶다. 허튼 꿈일지라도 계속 꾸다 보면 현실이 될지 누가 알겠는가.

아람민영

탄 냄비를 긁는다. 손가락에 힘을 꾹꾹 주면서 박박 닦아내도 쉽사리 지워지지 않는다. 긴 사투 끝에 겨우 냄비는 원형을 찾아간다. 한참 애쓴 어깨와 팔과 손가락이 욱신욱신한다. 어쩌다 타 버렸을까. 이렇게 탈 때까지 대체왜 알아차리지 못했던가. 아니, 충분히 알고 있었으면서 외면하며 살았던 것은 아닌가.

2020년, 1년간 육아휴직을 했다. 육아휴직을 하기 전까지 삶이 마치 탄 냄비 같았다. 정말 많은 고민과 노력 끝에 했던 휴직이었다.

이전에도 육아휴직이 필요했지만, 말을 꺼냈다가 결국 휴직하지 못했다. 법적으로 보장된 제도임에도 불구하고 막상 개인의 권리만을 주장할 수 없을 때도 있다. 그렇지만 당시 우리 학교의 사정을 모르는 바가 아니었기에 개인의 삶을 조금 희생하더라도 교사의 책무를 다해야겠다는 생각으로 육아휴직에 대한 마음을 접었다.

둘째 아이는 초등학교 1학년부터 혼자 등하교를 하는 아이로 자랐다. 두 살 터울인 언니가 있지만 동생을 챙기기엔 언니 또한 어렸다. 아침마다 거리가 먼 학교로 바쁘게 출퇴근하며, 애쓰는 삶을 넘어 애달픈 삶을 살았다. 아무리 노력해도 자녀들이 뒷전이 되는 상황과 함께 번 아웃이 왔다. 체력은 점점 떨어졌다. 그렇다고 운동하러 다닐 만한 시간적 여유도 부족했다. 떨어진 체력을 보강하는 건 오로지 잠뿐인데, 잠을 깊이 이루지도 못했다. 농어촌 작은 학교에서 국어 교사가 한 명뿐이라는 의미는, 중학교 1, 2, 3학년 수업과 평가를 모두 책임져야 한다는 의미이기도 하다. 아이들을 재울 때 같이 잠이 들었다가 새벽 두세 시쯤 일어나서 수업 준비를 했다. 한창 활동 계획을 세우고 자료를 제작하다 보면 동이 텄다. 그러면 다시 출근 준비와 육아의 무한 반복이 이어진다.

작은 학교에서는 교사 개개인이 짊어져야 할 책임의 무게도 더욱 커진다. 작은 학교라 하여 학교 전체 업무량이 줄어들지는 않기 때문이다. 소수 인원의 교사들이 학교 전체 업무를 나누는 구조 안에서는 누구도 업무 면에서 수월하다고 말할 수 있는 사람은 없다. 많은 업무 중에서도 어려운 점 한 가지는 매주 한 번씩 하는 야간 공부방 감독과 월 1회씩 학부모 독서 동아리 운영을 위해 밤늦게 남는

일이었다. 농어촌학교라 근처에 학원이 없다. 학생들의 학
력을 보강하기 위한 목적으로 매일 밤마다 선생님들이 순
번을 정해 번갈아 야간 공부방을 지켰다. 어둔 밤, 학생들
이 스쿨버스를 타고 떠나면 복도마다 다니며 문과 창문이
모두 잠겼는지 확인하고, 맨 마지막으로 경비보안장치를 걸
어 잠그고 학교를 나온다. 그럴 때면 한 번씩 어깨 뒤가 서
늘해지곤 한다. 피부에 확 소름 끼치게 다가오는 어두운 밤.

밤의 학교는 외롭고 무섭다. 혼자 지키는 밤의 학교는 더
욱 그렇다. 가을로 접어들면 더욱더 깜깜하게 어두워지고
점점 더 쌀쌀해진다. 텅 빈 운동장을 돌아 나와 운전석에
앉으면 차갑게 식은 운전대에 언 손이 시리다. 곧바로 운전
할 기운이 없어 차 문을 잠근 채 잠깐 눈을 감고 숨을 몰아
쉴 때도 있었다. 행정 업무의 양과 강도, 서로 힘들고 지치
지 않았다면 없었을 수도 있을 이따금의 불편과 마찰들, 작
은 학교이기에 더욱 가까이 다가오던 학생들 삶의 무게, 매
일 왕복 한 시간 삼십 분 정도 운전해야 하는 출퇴근 거리.

교사라는 직책이 주는 책무성과 함께 학교의 상황을 생
각하지 않을 수 없었다. 그렇지만 더 이상 그 삶을 지속하
기엔 내 에너지가 너무나 연소되고 있었다. 자녀의 상황도

절실했고, 내 개인의 상황도 절실했다. 혼자 힘으로 애써 초등 2년을 살아낸 아이에게 엄마가 필요했고, 바쁜 시간 속에서 삶의 방향까지 잃어가던 내게 쉼이 필요했다. 고민을 거듭하며 겨우 육아휴직을 허가받았다. 그 상황에서 누구도 예측하지 못한 팬데믹이 시작되었다.

이후 나는 출근 시각 무렵부터 저녁 퇴근 시각이 될 때까지 아예 집 밖에 나가지 않았다. 혹여나 이런 말을 듣게 될까 봐.

"어머, 안녕하세요! 오늘 학교 안 가시는 날인가 봐요?"

엘리베이터에서 몇 차례 마주치다 보면 이웃들과 조금씩 친해지게 된다. 특히 또래 자녀를 둔 엄마들과는 서로 나이가 다르고 전혀 몰랐던 사이라도 자연스레 아이 이야기나 학교 이야기로 짧은 대화를 주고받게 되는 경우들이 많다. 꼭 그렇지 않더라도 같은 아파트에 살면서 몇 년 흐르다 보면 서로의 신상에 대해 어느 정도 파악하게 된다. 내 직업이 교사라는 것을 알고 난 뒤, 상대방이 별 뜻 없이 건넸을 한마디에도 괜한 걱정이나 불편이 느껴질 때가 있다. 당시 상황이 그랬다. 상대가 묻지도 않았는데 "안녕하세요, 저 육아 휴직했어요."라고 일일이 말해줄 수도 없지 않은가. 소위 '원격 수업하고 재택근무한다더니 교사들 편하게 살고 있네.'라는 눈총을 받을까 봐 아예 처음부터 그런 말을 듣지 않기 위해 가능성을 차단한 것이다. 나의 작은 행동이 나라는 개인에 대한 오해뿐만 아니라, 교사라는 집단 전체에 대한 오해와 비난으로 이어질까 봐 경계했다. 더구나 학교에 닥친 변화의 상황을 이겨내고 학생들이 성장하는 시간을 놓치지 않으려 애쓰던 동료들의 노력을 알고 있었기에 더욱더 조심했다. 일 년 내내 두문불출하며 살았기 때문에 그런 말을 들은 적은 없다. 그런 말을 실제로 듣게 되었을지 듣지 않았을지 또한 알 수 없다. 그렇지만 사회적 시선 안에 교사의 사회적 책임과 법적 책임을 넘어 도의적 책임까지 포함되어 있다고 생각했다. 진실은 늘 부족하다.

2020년 팬데믹 상황의 육아휴직은 결코 우아하지 않았다. 모두가 불안했던 봄이었다. 개학은 연기되고 또 연기되었다. 언론의 발표를 가슴 졸이며 기다렸다. 3월 하순, 4월, 그리고 6월…. 기대와 실망을 번복하며 우리는 아픈 한 학기를 보냈다. 희망 고문이라는 말이 떠오를 만큼. 그래도 다행이라 생각했다. 아이들 곁을 지킬 수 있어서. 아이들이 학교에 가지 않는 동안 곁을 지켜줄 어른이 없다는 것은 얼마나 가슴 아픈 일인가. 얼마나 많은 부모가 발을 동동 구르며 그 시간을 보냈을지, 말 못 할 어려움들과 보이지 않는 눈물들이 얼마나 많았을지 누구도 감히 가늠하거나 헤아리지 못할 것이다. 우울감이 찾아올 때마다 책을 읽었다. 계속 읽고 계속 썼다. 내가 할 수 있는 나에 대한 위로는 그것뿐이었다. 다른 그 무엇도 아닌 위로와 유희를 위해 읽었다. 한 해를 마무리하며 읽은 책을 헤아려보니 모두 234권이었다. 이는 내가 얼마나 고독한 시간을 보냈는지 보여주는 방증인지도 모른다.

과연 어떤 선택을 하고 어떤 행동을 하는 것이 삶에 대한 바른 태도를 표현하는 일일까? '책임'이라는 단어를 가만히 들여다본다. 나는 개인으로 사는 삶에 대해서도, 교사의 삶에 대해서도 결코 내가 지닌 책임을 놓치고 싶지 않다. 내가 할 수 있는 역할, 내게 주어진 소명을 충실히 수행하고 싶고, 힘들고 험난하더라도 그 과정에서 오는 기쁨의 순간들을 잃고 싶지 않다. 어떤 시선으로 보면 그런 마음이 욕심으로 비칠지도 모르겠다. 그렇지만 나뿐만 아니라 이 땅의 많은 '엄마'인 직장인들이 그런 삶을 살고 있다고 생각한다. 오히려 나는 일도, 가정도 모두 지키고 싶은 마음이 '욕심'이지 않은가, 생각하게 할 만큼 '엄마'가 해야 할 일이 많은 사회적 상황에 변화가 필요하다고 생각한다. 교사라는 직업 또한 많은 직장 중의 하나이며, 전국 교사의 성비는 여성이 압도적으로 많으니까 교사의 삶을 예로 들어도 무방하리라 여긴다. 책임을 수행하는 과정에서 교사에게 주어지는 너무나 많은 업무는 교사라는 직업이 지닌 본연의 책임을 다할 수 있는 만큼의 양이라 할 수 있을까? 좀 더 범위를 넓혀보면 공무원인 교사가 짊어져야 하는 사회적 책임과 법적 책임의 무게가 심장을 누를 때가 많고, 일상 속을 세세히 파고들어 보면 매일매일 치러야 할 책임이 일일이 열거하기 어려울 만큼 많다. 마치 매년 이수해야 하는 각종 의무 교육 연수의 우후죽순 무수한 가짓수처럼.

2021년, 다시 돌아온 학교에서 나는 교사의 책임을 다하기 위해 할 수 있는 최선을 하고 있다. 그 책임의 너머에서 가정에 있는 어린 자녀들에 관한 관심이 소홀해지는 때가 자주 생기는 것이 마음 아프지만, 어떻게든 그 사이를 잘 조율해내고 싶다. 가정이든 학교든 아이들이 성장하는 시간은 다시 돌아오지 않으니까. 두 가지를 모두 손에 쥐고 싶은, 책임의 마음이 때로는 삶의 무게로 다가오지만, 그 사이에서 다가오는 고통도 살아가는 행복으로 여기고 싶다. 부정은 늘 긍정을 함께 끌어안고 온다. 책임을 다하는 과정에서 자유와 고통이 한데 버무려지고, 슬픔과 기쁨이 함께 섞인다. 다만 위에 언급한 것처럼 이미 책임을 다하고자 노력하는 이들에게 더 큰 책임의 굴레를 덮어씌우는 사회이지 않기를, 자기 자리에서 책임을 다하며 살아가고 있을 많은 교사에게 조금은 더 관대한 사회가 되기를 조심스러운 마음으로 희망한다.

다시 요리를 한다. 내 몸 안에는 자아를 형성하는 다양한 재료가 들어 있다. 환하게 웃으며 교실 문을 열고 들어서기에 내 안의 겸손은 충분히 익었는가. 개인의 삶을 충만하게 살기 위해 내 안의 호기심은 충분히 싱싱한가. 엄마의 얼굴을 지니기 위해 내 안의 사랑은 충분히 온화한가. 재료가 부족해서 깊은 맛이 나지 않는 날도 있었고, 실수로 간장을 훅 부어버려 너무 짠 순간도 있었다. 채 식지도 않은 뜨거운 요리를 입 앞에 갖다 대던 서툰 날도 있었다. 부족한 날도, 넘치던 날도 얼굴 화끈거리게 부끄러운 날들도 흘러간다. 그렇게 모자라고 그렇게 넘쳐나는 나는, 개인의 삶과 교사의 삶 중 그 무엇도 하나만 우선이라 말할 수가 없다. 그저 고통도 기쁨도 내게 주어진 것이니 기꺼이 받는다는 마음으로 산다. 나를 조각내지 않는 이상 분리할 수 없을 개인으로서의 자아와 교사의 자아 사이에서 그래

도 먹을 만한 요리를 만들기 위해 오늘도 분투한다. 날카
롭게 베인 손끝에서 되레 고통의 희망을 발견하면서. 새벽
을 밝히는 해는 고통을 목 끝으로 삼킨 진실의 입술을 닮
았으니까.

*
교사의 삶과 개인의 삶.
간격을 유지하면서 모두를 충실히.
꿈같은 이야기일까.
허튼 꿈일지라도 계속 꾸다 보면
현실이 될지 누가 알겠는가.

*
부정은 늘 긍정을 함께 끌어안고 온다.
책임을 다하는 과정에서
자유와 고통이 한데 버무려지고,
슬픔과 기쁨이 함께 섞인다.

배운다는 것은 무엇인가요

마나미나

"하나를 배우면 열을 깨우친다."

부모들이 하는 자식 자랑에 빠지지 않는 말이다. 안타깝게도 내 부모는 이 말은 하지 못하셨다. 나는 하나를 배우면 절반만 알았기 때문이다. 내가 남들보다 더 열심히 배워야 하는 이유였다. 좀 억울한 듯 보이지만 배우는 것이 습관이 된 지금은 나름 내 삶도 괜찮다고 생각한다. 배운다는 것은 무엇일까. 삶의 재미를 느끼는 방법이다. 한 곳에 꽂히면 앞뒤 가리지 않는 나를 보며 자연스럽게 선택한 인생 전략이다. 어렵지만 재미가 있다. 내가 한 결정 중에서 제일 만족스럽다.

철학 시간이었다. 학생들과 배운다는 것은 무엇인지에
대해 이야기를 나눴다. 나는 배운다는 것은 놀이터에 있는
것과 같다고 했다. 신나게 놀면서 세상도 알아가는 시간이
라 생각했다. 나의 긍정적인 대답에 한 학생이 적잖이 당
황하는 듯했다. 그리고 나온 그 학생의 답은 부정적이었다.
나도 당황했지만 배움은 힘든 과정이라는 학생의 대답 속
에 평가가 들어가 있는 것을 알아채고는 미안함이 올라왔
다. 충분히 이해가 갔다. 현재 학생들에게는 배움의 이유는
평가받기 위해서가 대부분이고 그 결과가 자신의 미래까
지 연결이 되니 어떻게 부담스럽지 않을 수 있을까. 내 대
답이 학생의 삶과 동떨어진 비현실적인 것으로 받아들일
수 있겠다 싶었다. 어른들이 만들어 놓은 경쟁 사회에서
살아갈 수밖에 없는 어린 학생에게 미안함과 책임감을 동
시에 느끼는 순간이었다.

공감은 했으나 그렇다고 내 대답을 바꿔야 한다고는 생
각하지 않는다. 저항하고픈 마음이 생겨난다. 배움이 재
미있을 때 느끼는 행복감을 그 학생도 언젠가 느끼길 바
라기 때문이다. 또 다른 쪽에선 질문들이 쏟아진다. 평가

보다는 과정이 더 의미 있는 수업을 꿈꿔도 되는 걸까. 너무 현실감 떨어지는 소리는 아닐까. 씩씩한 첫 대답과는 달리 생각할수록 질문들로 복잡해진다. 마음이 뒤죽박죽이다.

생각 정리를 위해 우선 현실의 학교 모습을 관찰해보기로 한다. 자유학교 학생들은 학기마다 자신만의 프로젝트 다섯 개를 만든다. 교사의 도움 없이 스스로 혹은 함께 프로젝트를 진행한다. 프로젝트 시간에 학생들의 모습은 천차만별이다. 갑자기 주어진 자유의 무게를 저마다의 모습으로 맞닥뜨린다. 기분 좋게, 신나게 하고 싶은 것을 하는 학생도 있고 허허벌판 같은 교실에서 무엇을 해야 할지 몰라 일 년간 고민만 하다가 수료하는 학생도 있다. 하고 싶은 것이 너무 많아 프로젝트를 과하게 진행하다 지치는 학생도 물론 있다. 교사로서 칭찬하고픈 마음과 쉬운 길을 알려주고픈 욕구가 틈틈이 꿈틀거린다. 참아야 한다. 월권이다.

대신 일주일에 한 번씩 교사와 학생이 모두 모여 일주일간 진행된 프로젝트에 관해 이야기한다. 프로젝트가 온전히 학생의 것이 되기 위해 교사는 최소한의 움직임을 낸다. 가끔 프로젝트가 잘 진행됐으면 좋겠다는 마음이 가득 차 조바심이 난다. 말 그대로 직업병이다. 교사가 스스로 배워 없애야 할 병. 학생들이 프로젝트를 채워나갈수록 교사는 그 시간을 비워낸다. 학생과 교사 모두가 배우는 시간이다.

배움에 대해 부정적이었던 그 학생은 프로젝트를 대부분 공부와 관련된 것으로 잡았다. 내년에 해야 할 공부를 미리 하기 위한 프로젝트였다. 개인적으로는 진짜 하고 싶은 프로젝트도 하나쯤은 짰으면 좋겠다는 말을 해주고 싶었지만, 여유가 없는 학생에게 여유를 가지길 바라는 마음 또한 짐이 될 수 있다고 생각했다. 다행히 학생이 짠 프로젝트 중 하나가 영단어 외우는 것이라 내가 개입할 틈이 좀 생겼다. 나는 영단어 외운 것을 점검해 주는 역할을 맡았는데 그 시간에 조금씩 말을 걸기 시작했다. 학생은 어느 날은 조바심에 힘들어 울기도 하고 어떤 날은 성취감에 신나게 재잘거렸다. 그때 내가 했던 말들은 기억이 나지 않는다. 그냥 그 학생이 울거나 재잘거렸던 것만 남아 있다. 교사가 해야 할 것은 학생 마음을 들어 주는 일이라는 것을 배웠던 순간이었다.

학생들을 따라 나도 프로젝트 하나를 시작했다. 피아노로 베토벤의 월광 소나타를 치는 것인데 세월에 묻혀 가는 내 감성에 힘을 주기 위함이다. 듣고 감탄만 하던 소리를 내 손으로도 낼 수 있다는 것이 참으로 신기하고 좋다. 나이 먹는 것은 어쩔 수 없지만 딱딱해지는 내 감성만은 베토벤의 힘을 받아 조금씩 회춘하길 기대한다.

모두의 경험이 의미가 있다. 같은 시간이 주어지지만 다 다른 색으로 채운다. 주어진 자유가 버거워 그냥 흘려보낸 학생은 어떤 생각으로 시간을 채웠을까? 수료 후 다음 일 년은 어떻게 변해 있을까. 텅 빈 교실 속에 숨겨진 것들을 찾으려 노력하던 친구들의 모습과 헤매는 시간 속에 스스로 배웠던 부분들이 그 학생의 마음속에 조금은 남아 있지 않을까. 그것을 언제 사용할지는 학생이 선택할 문제겠지만 언젠가 진짜 자유를 즐기고 싶을 때 자유학교 프로젝트 시간에 대한 기억이 마중물 역할을 해주진 않을까.

교사도 마찬가지다. 가지고 있는 직업병이 깊어지기 전에 비워내는 법을 배우고 또 배운다. 일 년 뒤 새로운 학생들이 헤매는 모습을 보고 또 애달파하겠지만 지금보다는 좀 더 기다렸다가 말을 걸진 않을까. 자유를 잘 배우지 못해 힘들어하는 학생에게 헤매는 것이 당연하다고 편안하게 말할 수 있는 교사가 되기 위해 힘을 키우는 중이라 생각해도 될까.

배운다는 것은 뭘까. 나에게는 순간순간 튀어나오는 호기심에 답하는 방법이다. 쉽진 않지만, 재미 있다. 내가 느끼는 재미를 어떻게 하면 학생들에게 잘 전달할 수 있을까. 학생들도 이미 알고 있는 것을 혼자 알고 있다고 착각하는 건 아닐까. 현실과 미래에 대한 학생들의 불안함을 다독일 수 있는 수업을 내가 만들 수 있을까. 생각할수록 질문이 생겨난다. 쉽지 않은가 보다. 그래도 끝은 놀이터로 정한다. 발걸음 하나에 질문 하나를 달고 천천히 걸어 본다. 힘내서 도착한 놀이터 그네 밑에 또 다른 질문이 있을지라도 지금 내가 배워가야 할 길이라 믿는다.

활활화영

올해 어머니께서는 1학년이 되셨다. 어머니는 어린 시절 공부도 곧잘 하고, 특히 글쓰기를 좋아하는 학생이었다고 한다. 하지만 6남매의 장녀로 태어나 동생들 뒷바라지하느라 학업을 다 마치지 못하셨다. 항상 마음속에 공부에 대한 아쉬움이 있어서인지 내가 성적을 잘 받거나 상을 받을 때마다 마치 자신의 일인 양 기뻐하셨다. 그런데 우연히 집 근처에 방송 통신 고등학교가 있다는 사실을 접하고는 곧장 입학 원서를 제출하셨다. 60대 늦깎이 학생이 되어 평일에는 인터넷 강의로 학업을 이수하고, 주말에는 출석 수업을 듣느라 정신이 없으시다. 특히 난생 처음 만져보는 컴퓨터로 온라인 수업을 듣는 것이 어머니께는 여간 어려운 일이 아니었다. 처음에는 불가능하다고 생각했는데, 이제는 꽤 능숙하게 컴퓨터를 다루시는 모습에 지켜보는 내가 더 흐뭇해진다. 퇴직 후 나른해진 어머니의 삶이 학생이 되면서, 그리고 무언가를 배우기 시작하면서 다시금 활기를 되찾기 시작했다. 이제 1학년 2학기에 접어든 어머니는 벌써 졸업 이후를 꿈꾸고 계신다. 자신이 하고 싶은 일을 할 수 있다는 희망이 어머니를 행복하게 한다.

간디학교의 교가 '꿈꾸지 않으면'의 가사를 보면 '배운다는 건 꿈을 꾸는 것, 가르친다는 건 희망을 노래하는 것'이라는 부분이 있다. 노래하는 경연 프로그램에서 어린아이가 이 노래를 부르는 영상을 보고 나도 모르게 왈칵 눈물이 났다. 이 노래는 나에게 한동안 잊고 지냈던, 처음 교사가 되었을 때의 그 사명감과 열정을 다시금 불러일으켜 주었다. 학교에서 학생들을 가르치는 교사로서의 내 삶이 얼마나 숭고한 삶인지, 그리고 내가 이 일을 하는 궁극적인 목적이 무엇인지를 다시 한번 가슴 깊이 되새기게 해 주었다. 아마도 이런 감정이 꼬리에 꼬리를 물고 마음이 벅차올라 눈물이 난 모양이다.

배운다는 것은 꿈과 희망을 노래하는 것이다. 무언가 새로운 내용을 배우게 되면, 이것을 통해 새로운 꿈이 펼쳐진다. 사람은 본디 무(無)의 존재로 태어나기에 이 세상에 배워야 할 것들이 무궁무진하다. 그리고 그것들을 하나하나 배워가는 것은 내가 할 수 있는 일들이 더 많아짐을 의미한다. 즉 내가 배운 것을 바탕으로 그전에는 하지 못했던 새로운 일을 할 수 있게 되리라는 희망을 꿈꿀 수 있다.

배운다는 것은 관계를 맺어가는 일이다. 오늘은 아침부

터 온 집안이 떠들썩하다. 바로 어머니의 소풍날이기 때문이다. 같은 반의 친구들, 선생님과 함께 야외로 떠날 생각에 어머니의 얼굴이 발그레하게 새색시처럼 상기되어 있다. 방송통신고등학교다 보니 2주에 한 번 주말에만 만나는 친구들과 선생님이지만, 만남의 기회가 귀한 만큼 그 관계도 귀한가 보다. 어머니를 소풍 장소까지 모셔다 드렸는데, 나이가 지긋한 분들이 서로 만나자마자 급우라는 이름으로 이야기꽃을 피우고 한참 어린 선생님께 깍듯하게 인사를 드린다. 이처럼 배움은 내 친구를 만나는 일, 우리 선생님이 생기는 일이다.

우리 아이들도 마찬가지이다. 학교에서의 배움을 통해 자신이 꿈꾸는 삶에 한 단계 가까워질 수 있다. 교사의 가르침은 학생이 삶을 살아가는 단초가 되고, 이것이 차곡차곡 쌓여 언젠가는 자신이 바라는 삶의 모습에 도달할 수 있을 것이다. 여기서 교사가 해야 할 몫은 학생이 의미 있게 배우고 그 배움이 학생의 삶으로 연결될 수 있도록 가르침을 구조적으로 설계하는 일이다. 그런데 안타깝게도 현재 우리 아이들은 코로나19라는 위기 상황 속에서 온전히 배우지 못하고 있다.

2021년 5월경 온라인 국어 수업에서 글쓰기 수행평가 결과물을 발표할 때 있었던 일이다. 글쓰기의 주제는 '나의 등굣길 묘사하기'였다. 아파트를 나서 길가에 피어있는 꽃들을 구경하고 건널목에서 고양이와 인사를 나눈 후 교실에 도착하는 과정을 발표한 학생에게 등굣길의 기분을 물었다. 그러자 그 학생이 그립다고 말했다. 빨리 학교에 오고 싶단다. 나도 학생들에게 너희들이 매일 학교에 왔으면 좋겠다고 대답했다. 불과 2년 전만 해도 상상할 수 없는 모습이다. 학생들이 학교에 오지 못하고, 빈 교실에 나 혼자 앉아 노트북으로 학생들과 수업하는 장면을 말이다.

　　2020년은 단군 이래 개학이 연기되는 초유의 사태가 벌어지고 교육과정도 당초의 계획대로 운영되지 못했다. 물론 지금은 교육공동체의 노력으로 온라인 수업이 정착되고 모두가 새로운 교육 환경에 적응해가는 양상을 보인다. 하지만 2021년 6월에 발표된 교육부의 2020년 국가수준 학업성취도 평가 결과 및 학습 지원 강화를 위한 대응 전략에 관한 보도자료를 보면 코로나19에 따른 일상적인 학교생활의 어려움으로 학업성취도가 전년 대비 낮아진 것으로 나타났다. 중3 학생들은 국어, 영어에서 보통 이상 비율이 더 크게 하락하였으며, 고2 학생들은 국어,

수학, 영어 모든 과목에서 기초학력 미달 비율이 현저하게 증가한 것으로 나타났다. 기초학력 미달 학생은 단순히 수포자(수학 포기자), 영포자(영어 포기자)를 넘어 공포자(공부 포기자)로 갈 수 있기 때문에 그 심각성이 더욱 크다. 이와 같이 코로나19로 온전하게 배우지 못해 학생들은 학업과 학교생활에서 모두 어려움을 겪고 있다. 물론 모든 배움이 학교에서만 일어나는 것은 아니다. 하지만 코로나19를 겪으면서 학교가 학습뿐만 아니라 배움 그 이상의 역할을 하는 소중한 곳임을 모든 사회 구성원들이 뼈저리게 느끼게 되었다.

코로나19는 학생들에게 배움을 통한 희망만 빼앗아 간 것이 아니라 배움의 과정에서 형성되는 관계도 단절시켜 놓았다. 2021학년도 1학기 말 마지막 수업 시간에 학생들이 등에 종이를 붙이고, 친구에게 한 학기 동안 고맙고 미안한 내용을 그 종이에 표현하는 활동을 하였다. 예전 같으면 서로 몸을 부대끼며 웃음꽃이 떠나지 않았을 텐데, 올해는 학생들이 홍해처럼 갈라졌다. 학급 정원이 33명인데, 한 학기 동안 단 한마디도 나눠보지 않은 친구가 있냐는 질문에 십여 명이 손을 들었다. 코로나19로 격주로 등교하고, 그마저도 마스크를 착용하게 되면서 학생들 간에 의

사소통이 줄고, 그에 따라 마음의 문도 함께 닫아 버린 것이다.

  학교에서의 배움은 수많은 관계를 기반으로 한다. 모든 교육 활동은 무수히 많은 관계의 상호작용 속에서 이루어진다. 그런데 이러한 관계가 끊어지면 배움이 제대로 일어날 수 없다. 2학기부터 전면 등교가 실시되고 있는 만큼 하루빨리 관계가 회복되어 마음껏 배울 수 있는 안전하고 건강한 교육 환경이 마련되기를 기대해본다.

배운다는 것은 꿈과 희망을 노래하는 거야.
무언가 새로운 내용을 배우게 되면,
이것을 통해 새로운 꿈이 펼쳐져.

배움은 힘든 과정이라는
학생의 부정적인 대답에
평가가 들어가 있는 것을 보고 미안했어.

지금 학생들에게 가장 필요한 배움은 무엇인가요
생각하고 질문하는 삶을 살고 있나요
교사가 된 것을 후회한 적이 있나요
선생님은 성장을 위해 무엇을 하고 있나요

4부

성장과 배움

지금 학생들에게
가장 필요한 배움은 무엇인가요

재미선아

자신을 사랑할 줄 아는 것은 단언컨대 인생을 살아가는 데 있어서 가장 중요한 능력이다. 그런데 안타깝게도 인간은 스스로 목숨을 끊을 수 있다. 태어난 것은 어쩌지 못했지만 죽는 것만은 내 마음대로 하겠다는 심리이다. 사실 우리는 잘 느끼지 못하지만 매 순간 많은 사람에게 사랑받으며 살아간다. 어떤 사람들은 그 사실을 계속해서 의심하면서 타인의 관심을 얻으려 잘못된 방법을 선택하기도 하고, 심한 경우 내가 나를 학대하며 종래엔 없애버리기도 한다. 그런 사람들이 너무나 많아졌고, 성인이 되지 않은 청소년 자살률도 높다는 점이 안타깝다. 이러한 현상은 지식을 탐구하듯 자신을 탐구하지 않았고 또 자신을 사랑하는 방법을 교육받지 못했기 때문에 발생한다.

어릴 때부터 우리는 입시 위주의 교육을 받으며 "너는 커서 뭐가 되고 싶니?"라는 질문을 받았다. 사실 그 질문은 어떤 직업을 가질 것이냐고 묻는 것과 같다. 어떤 사람이 되고 싶은지, 어떻게 살 것인지, 그리고 현재 나는 무엇을 좋아하는 어떤 사람인지에 관해 전혀 고민하지 않은 채 어떤 일을 하며 먹고살 것인지만 고민했다. 이 사회와 어른이 그렇게 만들었고, 사실 그 어른은 역시나 자신의 부모나 학교에서 교육받은 것을 그대로 전수했을 뿐이다. 허나 그렇게 어른이 되면 위험하다. 학교를 벗어난 사회는 더 정글 같은 곳이기 때문이다. 나를 사랑하는 방법을 배우지 못한 사람은 그곳에서 살아남을 수 없다. 지식도 기술도 모두 중요하겠지만 가장 중요한 것은 나를 사랑하는 것이다. 지금껏 우리나라 교육에서 그러한 가치를 제대로 가르친 적이 없다는 것도 분명하다.

고등학생이 되자마자 시작된 야간 자율 학습에 적응하지 못해 '왜 사람은 공부해야 하는가'에 대해 의문을 품고 우리나라 교육 현실에 불만이 가득하던 17살의 나. 하지만 담임 선생님의 조언 덕분에 거짓말처럼 정신을 차리게 되었다. 내가 어떤 사람인지 어떤 것을 좋아하는지 시간을 두고 천천히 생각해보라던 선생님. '나'에 대한 탐구는 한 번도 해보지 않았기에 꽤 오랜 시간이 걸렸다. 그 뒤 나는 열심히 공부하기 시작했다. 하지만 요령도 없고 기초도 부족했던 것 때문인지 성적이 잘 오르지 않았다. 당장 눈앞에 보이는 성적의 변화가 없으니 내가 하고 있는 이 지루하고 고단한 과정이 제대로 된 방향으로 가고 있는 건지 자주 의문이 생겼고, 난 결국 성공하지 못할 것이라는 열패감이 팽배했다. 그때, 시간을 그저 흘려보냈다는 후회와 눈물, 그럼에도 불구하고 애써 노력하는 것을 놓지 않았던 18살의 나는 운명의 책을 만났다. 내가 독서를 좋아하는 계기가 된 그 책은 무라카미 하루키의 책, 《해변의 카프카》이다.

너는 조금도 어김없는 너인 거고, 너 이외의 누구도 아니며 너는 너로서 틀림없이 전진하고 있다는 구절은 나를 좌절의 구렁텅이에서 건져 올렸다. 이제는 20년이 다 되었지만, 여전히 저 문구를 가슴 한편에 품고 살아간다. 나는 어김없는 나이며 나 이외의 누구도 아니라는 것, 누구도 될 필요 없이 나는 나면 된다는 것. 그리고 나는 틀림없이 발전하고 있다는 것.

인간의 첫 번째 고뇌는 내가 '나'라는 존재를 인식하고 나니 그게 '나'라는 사실이라는 글을 읽은 적이 있다. 이 명제가 어려워 한참을 생각해보았다. 우리가 인식이라는 것을 할 줄 알고 난 순간부터 항상 '나'가 있다는 것이다. 이 '나'는 누구이며 어디서 온 것일까. 나는 진짜 나일까. 이런 고뇌 속에서 인간은 내가 싫어지기도, 좋아지기도 한다. 그러므로 이 '나'라는 존재를 인식하게 되는 순간부터 사실상 나를 사랑하는 방법에 대한 교육은 꼭 필요하다.

11년간의 교직 생활 중 마음이 아픈 아이들을 많이 만났다. 그중 가장 많았던 건 '자신을 사랑하지 않는 아이들'이었다. 여학생 중에는 외모 자존감이 낮아 자기비하하는 아이들도 참 많았다. "선생님, 제가 과연 할 수 있을까요?"라고 힘없이 묻거나, "에이, 친구들은 제가 못생겨서 안 좋아하잖아요."라고 자조하거나, 나아가 친구들이 교실에서 떠드는 소리를 자신을 흉보는 소리로 오해해 괴로워하는 아이도 여럿 있었다. 그럴 때마다 안타까운 마음으로 저 문구를 들려주고, 또 여러 책을 추천했다. 나도 책을 통해 마음가짐이 바뀌는 경험을 했었기에 아이들도 꼭 그 기적을 경험했으면 싶었다. 하지만 책을 아무리 추천해도 읽지 않거나, 읽어도 자신의 것으로 만들지 못하면 아무런 의미가 없었다. 그래서 한 달에 한 번씩 학급신문을 발간하면서 마지막에는 다른 누구도 아닌 나를 사랑하는 방법에 도움이 되는 글귀들을 싣기도 했다. 칠판에는 매주 다른 짧은 문구를 적어두기도 했다. 학기가 끝나면 롤링페이퍼를 쓰면서 서로 칭찬하게 했고, 자신의 롤링페이퍼에 스스로 장점을 써보면서 자신을 어여쁘게 여기는 마음을 가지도록 했다. 수줍어 직접 말하지는 못했지만 학기가 끝날 무렵 꼭 받곤 했던 '국어 수업 평가지'에 롤링페이퍼에 관해 적은 학생이 있었다. 내게 큰 울림을 줬던 그 이야기를 기억을 더듬어가며 최대한 비슷하게 떠올려 본다. 어느덧 눈물이 고인다.

"나를 칭찬해보라는 그 문장을 한참 동안 바라보며 단 한 줄도 적지 못하는 내가 불쌍했다. '뭐라도 적어야지.' 생각하며 어린 시절부터 지금까지를 돌아봤는데, 어린 시절의 나는 지금과는 다르게 잘 웃었다는 것이 생각났다. 그때 용기 내어 한 줄을 적었다. '나는 잘 웃었다는 것이 칭찬할 점입니다.' 내 글을 슬쩍 보던 친구가 따뜻하게 말해주었다. 그 웃음이 뭔지 어떤 건지 궁금하고 보고 싶다고. 그 순간부터 뚜렷이 설명할 순 없지만 조금은 달라진 내가 느껴진다. 선생님 정말 감사합니다. 국어 수업도 좋았지만 저는 사실 롤링페이퍼가 제일 기억에 남아요."

아람민영

'맞춤법을 올바르게 쓰면 고지식해 보인다.'

칭찬일까, 욕일까? 서술형 평가 답안지를 채점하다가 깜짝 놀랐다. 슬며시 불러 물어보고 단어의 뜻을 이야기하니 아이도 화들짝 놀랐다. "저는 진짜로 머리가 좋다는 말인 줄 알았어요." 아이들이 이 낱말을 '고지식(high-지식)'이라는 의미로 신조어처럼 사용하고 있다는 것은 인터넷을 통해 알고 있었지만, 실제 단어의 뜻을 모르는 학생이 80% 가까이 될 줄은 생각지 못했다.

농어촌 작은 학교에 4년째 근무하고 있다. 계속 학생 수가 줄어들고 있고, 학생들에게 필요한 배움이 무엇인가에 관한 생각도 매해 조금씩 달라진다. 코로나19로 인한 원격 수업의 여파도 여기에 한몫했을까? 2020년, 내가 육아휴직을 한 동안 학생들은 꽤 오래 원격 수업을 했다. 2021년, 다시 돌아온 학교에서 수업하며 깊은 고민에 봉착한다. 과연 이대로 수업해도 될까? 이 활동이 학생들에게 정말 필요한 배움일까?

책을 읽고 생각을 표현하는 말하기 수업을 했다. 학생들이 책에 대한 기본적인 이해를 어려워했고, 무엇보다 책 읽는 습관이 형성되어 있지 않았다. 수업이 잘 이루어지지 않았다. 한글 박물관 만들기 활동을 했다. 좀 더 깊이 있는 이해를 바탕으로 창의적인 활동을 기대했는데 막상 생각만큼 깊이 들어가지 못했다. 되레 교과서 수준의 기본 이해가 제대로 되었는지 모둠마다 살피느라 분주했고, 지향하고자 했던 목적이 충분히 달성되었는지 의문스러웠다. 기초적인 읽기 활동을 더 중점적으로 진행했어야 했던 게 아닐까?

여러 교과 선생님과 수업에 관해 대화하면서 문해력의 필요성을 더욱 절실히 느꼈다. 사회와 과학, 수학 교과 선생님들께서 학생들이 자기 힘으로 교과서를 읽어내지 못하는 상황을 많이 걱정하셨다. 영어 교과에서는 영어를 한글로 해석했을 때 한글 어휘의 의미를 몰라서 영어 공부가 쉽지 않은 상황을 걱정하시기도 했다. 또한 학급 안에는 읽고 쓰기에 큰 어려움을 겪고 있다는 것을 숨기고 싶은, 이미 중학생으로 성장해버린 아이들이 있다. 아이들은 내게 읽지 못한다는 것을 말하지 않았고, 글을 아예 쓰지 않고 있었다. 가까이 다가가서 도움을 건네면 틀릴까 봐, 혹은 들킬까 봐 손을 떨면서 글씨를 썼다. 전체가 같은 수업을 하면 어떤 아이들은 한 시간 내내 투명해진다. 투명해진 아이 곁에서 차마 눈을 감아버리고 싶은 나를 본다.

문해력에 대해 아프게 고민했다.《EBS 당신의 문해력》이라는 책을 읽고, 동명의 프로그램을 시청했다. 문해력에 관한 책들을 열심히 찾아 읽었다. 국어 교과서에 실린 단어들을 분석했다. 문해력을 기르기 위해 할 수 있는 일을 고민했다. 크고 작은 수업을 진행하면서도 고민은 완전히 해결되지 않았다.

여기에 덧붙는 고민 하나는 뭔가 모르게 '문해력'이라는 단어가 풍겨오는 불평등성이었다. 성인 문해력 테스트를 풀이했다. 틀리는 게 있으면 어떡하지 약간의 긴장감을 가지고 풀었다. 풀어냈다는 사실에 안도하면서 한편으로 이 감정 안에 자만이 스며있지는 않은지 돌아보기도 했다. 아이들과 중학생용 문해력 테스트를 함께하면서 정답과 오답 사이에서 앎과 모름이 이분법적인 기준으로 작용하는 것은 아닌지 걱정되기도 했다. 텍스트보다 매체, 즉 글보다 게임과 영상이 더 익숙한 아이들에게 문자 문해력만을 강조하는 것이 성인 중심의 관점은 아닌지 의문을 품어보기도 했다. 상황이나 텍스트의 종류에 따라 얼마든지 문해력은 상대적으로 적용될 수 있다. 그런데 일률적 기준을 적용한 수업과 평가는 과연 시대적 상황에 적절한 교육이라 할 수 있을까?

해결되지 않은 고민이 여전히 많다. 그렇지만 우리 학교의 현재 상황에서 내린 결론은 다음과 같다. 우리 아이들에게는 기초 문해력을 기르는 교육이 꼭 필요하다. 교과서를 이해하기 위한 기초 어휘력에서부터 텍스트를 읽어내는 문해력을 꾸준히 길러나가야 한다. 개별적인 차이에 대한 피드백 또한 필수적이다. 문해력이 학교에서 배우는 여러 교과를 자기 힘으로 배우기 위해 선행되어야 할 기초 체력과도 같은 힘이라 여긴다. 이 힘이 세상으로 나아가 성인으로 성장할 학생들의 살아갈 힘을 기르는 자양분이 되리라 믿는다. 또한 몇몇 학생에게는 일상생활에서 어려움을 겪지 않고 살기 위해 이 과정이 꼭 필요하다.

그러나 막상 정규 수업 이외에 아이들과 함께할 시간을 낼 수 없는 상황이었다. 스쿨버스로 정해진 시각에 등교하고, 아이들의 집까지 거리가 멀고 시내버스가 다니지 않아 스스로 하교할 수 없었다. 야간 공부방 프로그램이 이미 진행 중인 상황이라 그 시간을 활용할 수도 없었다. 점심시간 또한 코로나19로 분리 급식을 하면서 시간이 단축되어 10여 분밖에 여유가 없었다. 함께하는 정규 수업에서 어떻게든 해결책을 찾아야 했다.

수업은 계속 난항을 겪었다. 느린 학습자들 곁에서 한 명씩 피드백하다 보면 시간이 몇 배로 들었다. 막상 다른 아이들에게 도움말을 전할 시간이 줄어들 수밖에 없었다. 한 명의 교사는 과연 1년 동안 몇 명의 아이를 구할 수 있을까? 한 명 한 명 애쓰고 욕심내느라 결국 단 한 명도 돕지 못하는 것은 아닐까? 교실 속 고군분투가 제자리 뛰기에 그칠까 봐 두려웠다.

1학기에 했던 고민 중 하나는 모둠 구성이었다. 처음엔 좀 더 빠른 아이들과 다소 느린 아이들이 함께 있으면 서로 도움이 되지 않을까 생각했다. 그러나 아이들이 아예 활동에 참여하지 않는 상황이 계속 이어졌다. 무기력인지, 자존심인지, 고집인지 아이들의 마음을 알기가 어려웠다. 꽤 많은 시행착오를 겪은 후에야 나는 뒤늦게 깨닫기 시작했다. 마음이 더 중요하구나, 어휘력도, 문해력도 아이의 마음 치유가 우선이구나. 아이의 마음속 깊이 쌓여온 읽기와 쓰기에 대한 두려움과 상처들이 성장의 문을 열지 못하게 막고 있다는 생각이 들었다. 소규모학교에서 어릴 때부터 긴 시간 함께 지내 온 사이여서 친구들도 서로 상황을 알고 있기는 하지만, 도움을 건네려다 상처를 주게 되지는 않을까 늘 조심하게 된다.

아이 한 명과 함께 따로 시간을 내어 그림책을 읽었다. 아무도 없는 교실에서 1:1로 함께 책을 읽는 느낌이 새로웠다. 여럿이 있는 교실에서는 아무것도 하지 않던 아이가 밝은 목소리로 자기 생각을 말해서 속으로 많이 놀랐고 기뻤다. 조던 스콧의 《나는 강물처럼 말해요》라는 그림책을 읽을 때였다. 시작 문장 세 개를 읽어주자 아이가 곧바로 말했다.

"어? 이 책은 시네요!"

"왜 그렇게 생각했어?"

"에이! 시잖아요, 시. '들려요, 들려요'라고 반복되니까 시죠."

"음? 진짜? 같은 표현이 반복되면 시야? 너 어떻게 그런 생각을 했어?"

"저도 귀가 있어요. 국어 시간에 그랬잖아요. 들었어요!"

겉으로 보이는 것과 진실은 다를 때가 많다. 여럿이 함께 교실에 있을 때 내 눈에 비친 아이는 의지도, 재미도, 기쁨

217

도 없이 내 말은 전혀 듣지 않는 것만 같았다. 그런데 따로 만난 아이의 말은 예상 못한 빛깔로 반짝였다. 더구나 아이는 정확히 알아차렸다. 이 그림책을 지은 조던 스콧은 정말로 캐나다의 시인이니까.

그렇지만 막상 바쁜 업무와 일상에서 애써 틈새시간을 내어 만난 아이들과의 개별화 수업은 이벤트처럼 그쳐 버렸다. 막상 아이들에게 실질적인 도움이 되지 못하고 있다는 생각에 나 자신이 무력하게 느껴졌다.

결국 내가 선택한 방식은 모든 아이가 어휘를 학습하되, 최대한 개별 피드백을 주고받는 것이었다. 교과서를 이해하는 데 필요한 기초 어휘를 '학습 도구어'라 부른다. 학습 도구어가 담긴 활동지를 아이들이 개별적으로 수행하고 서로 설명하는 시간을 가진다. 어휘 학습이라 지루해하지 않을까 지레짐작하고 걱정했는데, 아이들은 무척 집중하고 몰입했다. 사전을 열심히 찾고, 모르는 낱말에 대해 서로 질문하고 대화하면서 빼곡히 단어의 뜻과 예시 문장을 채워나갔다.

이때, 모둠 구성이 무척 중요했다. 아이들은 서로 관계가 가깝고 상황이 비슷한 아이들과 모둠이 되었을 때 더 몰두하는 모습을 보였다. 수업 시간 내내 거의 참여하지 못하던 아이 셋이 같은 모둠이 되었는데 이보다 더 성실히 참여할 수 있을까 싶을 만큼 열심히 했다. 공격하는 사람은 아무도 없었다. 아주 작은 눈짓 하나, 표정 한 줄기에 아이들의 마음은 다치기도 하고, 닫히기도 하는 법이다.

2학기, 어휘 활동을 하던 한 달 동안의 시간. 그 시간이 우리 아이들과 함께한 1년 중 가장 좋았다. 아이들 스스로 문해력 기르기의 필요성을 공감하며 성실히 몰두하던 시간. 서로 함께하는 과정에서 어느 한쪽에 치우치지 않고 평등하게 몰입하고 자유롭게 배우던 시간. 돌아보면 이 활동이 적절한 난도의 도전 과제였고 서로 존중하는 분위기였기에 가능한 일이었던 것 같다.

어휘 활동과 더불어 아이들의 흥미를 일깨우기 위해 책을 함께 읽는 시간도 꾸준히 가지고 있다. 교사인 내 입장에서 읽어 좋은 책과 학생들의 입장에서 읽어 좋은 책이 다를 수 있다. 아이들마다 상황과 입장에 따라 읽을 때 좋은 책들도 서로 조금씩 다르다. 그래서 최대한 아이들이 더욱 쉽고 재미있게, 주체적으로 접근할 수 있도록 책 선정

과정을 세심하게 신경 쓰고 있다. 이때 작가와의 만남이 독서 흥미를 더욱 높일 수 있을 것 같아 한 해 동안 여섯 명의 작가를 초청했다. 유명 명문대학교를 다니다가 친구들이 선택한 죽음 앞에서 고통을 느끼고 삶의 방향을 완전히 바꾼 여행 작가와의 만남, 일상과 주변 사람들에 대한 따뜻한 시선을 에세이로 담아낸 출판사 마케터 출신 작가와의 만남, 학교를 중퇴하고 주물공장에서 일하면서 인터넷 게시판에 초단편 소설을 올리다가 인기를 얻어 유명 작가가 된 사람과의 만남, 몸을 기울여가며 아이들의 이야기를 경청하시던 에세이 작가와의 글쓰기 교실 등 다양한 삶의 이야기가 책이라는 물성을 지닌 매체를 통해 아이들에게 이어지는 모습을 본다.

책에 대한 이미지가 재미없고 지루한 숙제 같은 것이라는 생각에서 '재미있고 다가가고 싶은 것'이라는 생각으로 바뀌기만 해도, 아니 그까지 가지 않더라도 '읽어볼 만한 것'이라는 생각 정도로만 발전해도 이런 도전과 시도들은 의미를 지닐 거라 생각한다. 일단 읽어야 아이들의 독해를 살펴볼 수 있고, 일단 적어야 아이들의 이해를 들여다볼 수 있기 때문이다. 문학적으로 훌륭하다고 판단하는 나름대로 기준은 있지만, 때로는 생각지 못한 '테두리 너머의 책'에서도 의미를 발견하는 순간들이 온다는 것을 안다. 나의 편협함에 내가 갇히지 않기를, 갇힌 생각 탓에 아이들에게 필요한 책을 함부로 판단하지 않기를 바란다.

아직도 여전히 고민은 많다. 수업 시간에 배우는 내용을 이해하기 어려우면 학교생활이 얼마나 재미없고 힘에 부칠까? 크고 작은 실패가 쌓여 학습된 무기력으로 흐르지는 않을까?

1학기에 처음 중학교 교과서에 나오는 단어들을 활용한 어휘력 테스트를 했을 때보다 2학기 테스트에서 학생들은 조금씩 더 유의미한 성장을 보여주었다. 아이들도 계속 글을 쓰고, 어휘를 공부하고, 책을 읽으니 조금씩 나아지는 걸 스스로 느낀다고 했다. 개별화 교육을 위한 행정적 지원과 근원적인 대책이 필요하고, 모든 것을 교사 한 명의 힘으로 해결하기에는 역부족이라는 사실을 너무나 잘 안다. 그러나 아이들이 성장하는 시간은 결코 멈추지 않으니까 부족한 힘이나마 내가 할 수 있는 일을 한다. 시도하는 걸 멈추지 않기 위해 그리고 지치지 않기 위해 나 자신을 다독이면서 수업을 준비한다. 모든 걸 다 해결하지 못하더라도 할 수 있는 만큼은 정성을 다하고 싶기 때문이다. 또한 아이들의 힘을 의심하지 않으려 한다. 필요하다고 느끼는 만큼 아이들은 좀 더 절실하게 배운다. 의욕이 사라지거나 지쳐갈 때 다시금 왜 배우는가를 생각하고 돌아보는 시간을 가져야겠다. 조급하게 무작정 달리기보다 우리 언어의 스펙트럼을 조금씩 넓혀나가고 싶다. 언어에 층계가 있다고 여기기보다 우리의 언어망을 더욱 확장해나가는 것이 지금 우리에게 필요한 배움이라고 이야기하며.

그렇게 우리는 오늘도 어휘를 살피고 책을 읽는다. 여전히 뛰어가다가 넘어지기도 하고, 잘 굴러가다가도 툭 멈춰버리곤 하지만, 아이들과 헤어지는 날까지 아직 우리에겐 시간이 있으니까. 길지 않아도 우리에겐 아직 여러 날이 남아 있으니까. 하루하루 한 시간 한 시간 허투루 보내지 않고 소중히 채워 쓰고 싶다. 한 번 더 들여다보고 한 번 더 눈을 맞추고, 잠시 숨 돌리는 여유도 잊지 않으면서. 그게 내가 할 수 있는 최선일 테니까.

*

나는 어김없는 나이며
나 이외의 누구도 아니라는 것,
누구도 될 필요 없이 나는 나면 된다는 것.
그리고 나는 틀림없이 발전하고 있다는 것.

*

어떤 아이들은 한 시간 내내 투명해진다.
투명해진 아이 곁에서
차마 눈을 감아버리고 싶은 나를 본다.

생각하고 질문하는 삶을 살고 있나요

마나미나

"버스 정류장에 있었는데 갑자기 사채업자들이 쫓아와서 엄마와 동생이 있는 차에 들어갔어요. 그 사람들이 밖에 있었지만 크게 무섭진 않았죠. 그런데 운전할 사람이 없어 이동할 수 없는 거예요. 그래서 엄마와 동생이 먼저 내렸어요. 그리고 좀 있다가 제가 나와서 도망쳤고요."

얼마 전 수녀님과 함께 수업할 기회가 있었다. 꿈을 풀어 주셨는데 한 학생이 사채업자에게 쫓기는 꿈을 꾼 것이다. 수녀님께서는 엄마와 동생이 있는 차 속은 엄마의 자궁을 의미한다고 하셨다. 가장 안전한 곳이었다. 그럼 왜 안전한 그곳에서 좀 더 머물지 않았을까. 엄마는 왜 동생만 데리고 먼저 내렸을까? 이건 독립하는 것을 뜻한다고 했다. 집 밖은 위험한 곳이라 여겨 학생이 밖에서 다시 차 속으로 들어왔다. 밖으로 나가야 할 딸이 다시 들어오니 어쩔 수 없이 엄마가 동생을 데리고 차에서 나왔고 그제야 학생이 자연스럽게 차 밖으로 나온 것이라 하셨다. 청소년기에 많이 꾸는 꿈이라고 하시며 꿈이 주는 메시지를 잘 읽으면 마음을 다잡는 데 도움이 된다고 하셨다. 해몽한 것이지만 자아정체성을 찾으려 노력하는 학생에게 참 적합한 말씀이라 생각했다. 고마웠다.

이야기 도중 수녀님께서 사채업자가 몇 명인지 물었을 때 학생은 네 명이라 답했다. 순간 교사 네 명 모두는 약속한 듯이 '설마?'란 생각으로 갸우뚱했다. 그러다가 멋쩍게 인정했다. 우리일 수도 있겠다. 수녀님께서도 그럴 수 있다고 말씀하셨다. 교사들은 장난치듯 학생에게 되물었고 그 학생은 씨익 웃으며 말을 아꼈다.

학생의 마음속에서 교사는 무엇을 빌려주었고 무엇을 받길 바랐을까. 수업 시간을 힘들어하는 그 학생에게 교사는 어떤 행동을 해왔던 걸까. 빚을 졌으면 갚는 것이 당연하다는 생각과 가르쳐 준 것을 학생은 당연히 배워야 한다는 것은 찝찝하지만 뭔가 비슷하다. 잘못된 생각은 아니지만 학생에겐 다른 의미일 수도 있겠다 싶다. 혹시 당위성의 문제는 아닐까. 당연한 것이 당연하지 않게 흘러갈 때 그 이유를 알아보는 절차를 놓친 것은 아니었을까.

교사 회의에서 그 학생 이야기를 자주 했다. 어떻게 하면 배움을 의미 있게 느끼게 해줄 수 있을지를 고민했다. 미안하게도 회의의 내용이 깊어질수록 학생의 압박감이 높아질 수도 있다는 것은 차마 생각해보지 못했다. 교사들이 진정한 마음으로 하는 회의였고 거기에 배움이 좋은 것이라는 전제를 붙였기 때문이었다. 좋은 마음은 다 옳다는 생각. 좋은 의도로 많은 방법을 생각해냈던 교사들의 노력. 어쩌면 '좋은'이란 단어가 오히려 학생에겐 더 짐이 되었던 것일 수도 있겠다.

내 마음은 빚을 받으려는 마음과 정말 같을까. 수업을 준비하는 마음은 진심이다. 학생들이 하나라도 더 배워가면 좋겠단 마음이다. 그것을 의심하진 않는다. 그런데 내가 가르쳐 준 것이 그 학생에게도 진정으로 좋은 것이 맞는가. 내 진심의 대가로 학생에게 배움의 빚을 억지로 지게 한 것은 아닐까. 학생을 위해서가 아니라 빚 열심히 갚으라고 친절하게 방법을 하나씩 가르쳐 준 것은 아니었을까.

다시 처음부터 생각해본다. 교사가 사채업자라는 것은 누구의 말인가. 누구도 정확하게 저 말을 내뱉은 사람은 없다. 학생은 웃었고 교사는 추측했고 수녀님은 가능성을 말씀하셨다. 그럼 아무도 그런 말을 하지 않은 것인가. 그렇다면 왜 아무것도 아닌 말에 우리는 계속 토론했을까. 학생에게 사채업자는 피해야 할 사람일까. 부딪혀야 할 사람일까.

꿈 하나에 여러 가지 질문이 생겨난다. 그 질문에 기대어 생각해본다. 교사가 사채업자라면 그건 부담스러운 마음이 반영된 것이다. 다행인 것은 학생이 크게 무서워하지 않는다는 것. 엄마와 동생도 학생이 홀로 사채업자들을 대하길 바라며 자리를 비운다. 그렇다면 그건 혹시 학생도 엄마도 부담스럽긴 하나 사채업자를 믿고 있다는 뜻은 아닐까.

꿈 수업을 들으면서 학생의 마음을 헤아릴 수 있어 좋았다. 모든 학생의 마음을 백 퍼센트 맞출 순 없으나 알지 못해 넘어가는 것 중 하나라도 다시 잡아 생각할 수 있어 다행이었다. 교사는 학생을 위해 노력해야 하는 사람이지만 그 노력이 제대로 이뤄지는지 살피는 것을 게을리하면 안 된다는 생각을 해본다. 좋은 의도나 생각이 꼭 좋게 전달되는 것은 아니라는 것도 다시 깨닫는다. 그리고 학생에게 어느 정도의 부담을 줘야 하는지를 끊임없이 생각해야 한다는 것도 알게 되었다. 아직 부담의 적정성을 찾지 못한 나는 지금 그 학생에게 사채업자가 맞을지도 모른다.

나는 어떤 생각을 하며 학생을 보고 살고 있는가. 또 스스로 어떤 질문을 품고 교사 생활을 하고 있는가. 혹시 그 생각과 질문에 '좋은'이란 단어가 들어가 있는 건 아닌가. 아니라고 부인할 수 없다. 욕심이 있는 것이 사실이다. 나는 욕심에 눈이 멀어 얼마나 많은 메시지를 놓치며 살고 있을까.

한 예능 프로그램에서 어떤 학생이 훌륭한 사람이 되라는 덕담을 듣는 것을 보고 가수 이효리가 했던 말이 생각난다. "훌륭한 사람은 무슨! 그냥 아무나 돼!" 쿨한 그 대답이 '훌륭한'이란 단어 속에 숨은 부담을 덜어낸다. 나도 따라해 본다. 교사 앞에 '좋은'이란 단어를 빼고 빈 곳을 바라본다. 불안하지만 괜찮을 거라 믿는다. 언젠가 학생의 꿈속에서 웃고 있는 '그냥' 교사의 이야기를 기대한다.

활활화영

'나는 곰 인형이다.'

이어령의 책, 《생각 깨우기》에 나오는 다음 문장을 읽다가 문득 든 생각이다.

'자기 안에 물음표가 없어서 아무것도 묻지 못하는 사람은 건전지를 넣고 단추를 누르면 그냥 북을 쳐대는 곰 인형과 다를 것이 없어.'

그렇다. 올해 1학기 나의 삶은 그냥 북만 쳐대는 곰 인형과 다를 바가 없었다. 1학년 부장이라는 무거운 직책에 억눌려 300여 명의 학생과 여덟 분의 담임 선생님을 바라보기에 바빴다. 나에게 주어지는 업무를 쳐내기에 바빠 왜북을 치는지, 어떤 속도와 강도로 쳐야 하는지도 모른 채무조건 빠르고 강하게만 북을 쳤다. 지금에야 돌이켜 생각해보니 등골이 오싹하다. 그 북이 찢어지지 않아서, 북소리에 귀가 먹은 사람이 없어서, 내리치는 북채에 잘못 맞은 사람이 없어서 얼마나 다행인지 모른다. 정말 감사하게도 학생들도, 그리고 우리 1학년 담임선생님들도 나의 북소리에 맞춰 즐겁게 노래하고 춤췄다. 다만 아쉬운 점은 내가 북을 처음 쳐봐서 북 치는 기술도 미흡하고, 연주할 줄 몰라 그냥 두들기기만 한 것이 미안할 따름이다. 2학기 때는 왜 북을 쳐야 하는지 그 이유를 먼저 생각해보고, 그 상황과 목적에 맞는 북소리로 의미 있는 음악을 연주할 것이다.

생각하고 질문하는 삶이 얼마나 중요한지는 우리 모두가 알고 있다. 생각과 질문에 기반하지 않은 판단이나 행동은 그 깊이가 얕아 오류를 불러오기 쉽다. 주변 상황이나 대상을 충분히 고려하지 못해 문제를 낳게 된다. 심지어 사람들을 상하게 할 수도 있다. 또한 생각하고 질문하지 않는 삶은 바람직한 변화와 긍정적인 발전을 가져오지 못한다. 생각과 질문이 없기에 같은 일상의 모습이 되풀이될 뿐이다. 자신의 삶을 다양한 각도에서 비춰보지 못한 채 고정적인 관점으로만 바라보게 된다. 따라서 삶이 단편적이고 획일화된 모습으로 고착화될 수밖에 없다.

질문은 상대방과 의사소통하기 위한 매개체로, 질문하지 않는 사람과는 긴밀한 관계를 맺을 수 없다. 사실적 진술에 기반한 대화만으로는 자신의 사고를 드러내 보일 수가 없으며, 내면을 교류하는 공감적 대화를 나눌 수도 없다. 다만 의사 전달과 이해를 목적으로 한 표면적 수준의 대화에 그치게 된다. 또한 질문은 그에 응하는 대답을 수반하게 되는데, 질문하지 않는 사람과는 상호작용적 의사소통이 불가능할 수밖에 없다. 결국 이것은 상대방과 나누는 대화가 아닌 혼잣말에 불과하다. 이처럼 생각하고 질문하는 자세는 삶의 방향성을 결정하여 그것을 향해 올바르게 나아가는 원동력이 되기에 매우 중요하다. 그렇다면 생각하고 질문하는 삶을 살기 위해 우리는 무엇을 해야 할까?

첫째, 자신의 삶을 꾸준히 기록해야 한다. 말하기, 듣기, 읽기, 쓰기 중 고차원적인 사고 과정을 거쳐 가장 최종적으로 표현되는 것이 바로 '쓰기'이다. 다른 의사소통 수단에 비해 글쓰기는 많은 시간과 노력을 요한다. 글로 나타내고자 하는 생각이 정리되고, 그 속에 자신의 가치를 제대로 담을 수 있어야만 글쓰기가 가능하기 때문이다. 즉 꾸준한 글쓰기는 자신의 삶에 대한 끊임없는 생각과 질문을 전제로 한다. 자신의 삶의 방향성이 맞는 건지, 그리고 그 방향성에 따라 맞게 가고 있는 건지 끊임없이 의심하고 되뇌어 보아야 한다. 특히 인간은 적응과 망각의 동물이라 자신이 처한 현실에 금방 익숙해지고, 이전의 과오를 쉽게 잊기 마련이다. 의식적으로 사고하고 질문하는 훈련을 하기 위해서는 성찰적 글쓰기를 실천하여야 한다.

성찰적 글쓰기를 하기 위해선 어떻게 해야 할까? 나는 초임 때부터 나 자신과 한 가지 약속한 것이 있다. 매년 한 가지 이상의 수업 연구를 꼭 실천하고 이 과정을 기록으로 남겨두겠다는 다짐이다. 그래서 학년 초가 되면 학생들과 나의 관심 분야나 요구, 학교 환경, 지역사회 여건 등을 고려하여 대주제를 설정하고 이에 따라 교육과정을 분석한 후 한 학기 수업을 디자인한다. 처음에는 A4 2장짜리 한 학기 수업을 디자인하는 데 한 달이 걸렸지만, 이제는 누적된 기록들이 토대가 되어 보다 양질의 수업계획을 수립할 수 있게 되었다. 교사로서 나의 수업을 매년 꾸준히 기록해 나가는 것, 이것이 나의 가장 큰 자랑거리이자 자산이다. 수업의 기록은 곧 교사로서의 나의 삶에 대한 기록이기 때문이다. 비록 거창한 수업 계획은 아니더라도 나의 진지한 고민에 바탕을 둔 한 학기 대강의 수업 틀은 교사로서 끊임없이 내 수업에 대해 생각하고 질문하게 만들어 준다.

둘째, 일상을 관찰하는 눈을 가져야 한다. 교사의 일상은 비슷해 보이지만, 사실 자세히 들여다보면 저마다 각양각색의 삶을 살아가고 있다. 자신의 일상적인 소소한 삶의 장면들을 관찰하고 그것에 의미를 부여하지 않으면 그냥 지나쳐가는 한순간일 뿐이다. 대다수 사람들의 삶은 매우 목표 지향적이다. 자신이 지금 이 순간 해야 하는 무언가를 향해 끊임없이 달리고, 그 목표에 부합하지 않는 것은 보고 듣고 생각하지 않는다. 당장 눈앞의 목표에 눈이 멀어 일상적인 삶을 관찰할 기회를 놓쳐버린다. 그런데 아이러니하게도 목표 달성을 위한 생각과 질문들은 삶이 아니라 일에 토대를 두고 있어 내 삶의 본질과는 거리가 멀다. 마치 숨은그림찾기처럼 우리의 일상은 멀리서 보면 평범한 모습인데, 가까이서 보면 그 속에 무수히 많은 생각과 질문거리가 숨겨져 있다. 이것을 발견하며 살아가는 사람과 발견하고자 시도조차 하지 않는 사람의 삶의 양상은 다를 수밖에 없다.

그렇다면 나는 과연 무엇을 관찰하고 발견하며 살고 있을까? 나의 인생 버킷리스트 중 하나가 특허 출원하기이다. 어릴 때부터 남들과는 다른 엉뚱한 상상을 즐겨하고, 만들기를 좋아하던 터라 발명가를 꿈꾸기도 했다. 교사가 되어서도 그 꿈을 포기하지 않고 발명에 관한 공부를 이어갔다. 그 덕분에 발명 교사 인증을 받아 교육지원청에서 발명 영재 강사로 활동하기도 하였다.

고3 담임할 때의 일이다. 당시 문과반을 맡고 있어 학급에 여학생이 많았다. 매일 교실에 들어서면 앞머리에 헤어롤을 말고 있는 학생들과 마주해야 했다. 하루는 반장이 나에게 무언가를 전하기 위해 자기 가방과 주머니를 뒤졌는데, 헤어롤과 립밤, 머리핀 등이 뒤엉켜 엉망이었다. 그 순간 난감해하던 여학생의 표정을 잊을 수가 없다. 반장에게 지나가는 말로 넌지시 이 문제를 해결할 수 있는 제품을 만들어 보는 게 어떻겠냐고 제안했다. 일상 생활 속 어쩌면 지나쳐버릴 작은 불편함을 눈여겨본 나와 반장은 그로부터 6개월 뒤 '헤어Bag'이라는 발명품을 제작하여 특허청에서 주관하는 대한민국 학생발명전시회에서 특허청장상을 수상하였다. 헤어Bag은 헤어롤 양쪽에 여닫을 수 있는 마개를 달아 그 속에 립밤이나 실핀 등을 보관할 수 있도록 가방처럼 만든 발명품이었다. 사소한 것에 주목하고, 이것을 해결하기 위해 다각도로 생각하고 질문하는 수고로움을 아끼지 않은 결과였다.

셋째, 생각과 질문을 던지는 사람과 만나야 한다. 사람은 어떤 사람과 만나는가에 따라 그 사람에게 물들기 마련이다. 내게는 그런 주변 사람들이 여럿 있다. 먼저 이 책을 함께 집필한 동료 교사들이 나에게는 생각과 질문을 던지는 사람들이다. 아마 이들이 없었다면 나는 일에 매몰되어 방향성 없이 흘러가는 대로 교사의 삶을 살고 있었을 것이다. 그런데 정말 감사하게도 이들과 소중한 인연을 맺게 되어 이렇게 생각하고 질문하는 기회를 가지게 되었다. 내 주변에 생각과 질문을 끊임없이 던지며 자신의 삶을 건강하게 살아가는 사람이 있다면 그 사람과 교우해야 한다.

다음으로 2021년 우리 학년부의 담임 선생님들이 그러한 존재이다. 저마다 다른 학교에서 전근 온 생면부지의 여덟 분 선생님과 만나 날마다 새로운 것을 배워나가고 있다. 오늘도 수학 선생님께 학년부 행사 진행을 위해 다른 학년부와 시간을 조율하는 과정에서 일과 운영을 효과적으로 할 수 있는 방법을 배우고, 내 앞에 계신 담임선생님께는 교사가 아닌 학생의 입장에서 이해하고 말하는 태도를 배운다. 이런 분들과 함께할 수 있어 올해 참 행복하다. 나의 북소리에는 진심이 녹아있다. 내가 북을 노련하게 잘 치지는 못해도 정성을 다해 치고 있다는 것을 학년부 담임 선생님들이 알아주셔서 정말 고맙다.

마지막으로 나에게는 '엄마 쌤'이 있다. 2006년 처음 교직에 발을 내디딘 학교에서 만난 띠동갑 선생님이다. 무려 15년째 인연을 이어오고 있는 창원중학교 김진경 선생님은 나이를 뛰어넘어 나에게는 배움을 함께하고 교사로서의 고단한 삶을 나눌 수 있는 학우이다. 항상 좋은 연수가 있으면 함께 신청해서 들으러 가고, 만날 때마다 서로의 수업이나 학급 경영의 사례를 공유하며 서로에게 든든한 힘이 되어주는 동료이다. 그래서인지 나란히 앉아 함께 수업을 들을 때면 주변 선생님들께서 열두 살의 나이 차를 알지 못하고, 동갑내기 친구처럼 볼 때가 많다. 이번 주말에도 선생님을 만나 진로와 연계한 1차시 영어 수업 활동을 디자인하기 위해 긴 수다를 나눌 계획이다.

'생각대로 살지 않으면 사는 대로 생각하게 된다'라는 말이 있다. 나의 생각이 나의 삶을 결정하게 해야 한다. 나의 삶이 나의 생각을 지배해서는 안 된다. 삶에 대한 성찰 없이 그저 흘러 가는 대로 살아가는 삶은 방향성이 없어 매우 위험하다. 지금 당장은 아주 미미한 오차겠지만, 그 방향을 수정하지 않고 계속해서 나아가다 보면 언젠가는 내 삶의 방향이 크게 틀어져 있음을 발견하게 될 것이다.

좋은 마음은 다 옳다는 생각.
어쩌면 '좋은'이란 단어가
학생에겐 더 짐이 될 수도 있어.

마나미나

활활화영

우리의 일상은 멀리서 보면 평범한 모습인데,
가까이서 보면
그 속에 무수히 많은
생각과 질문거리들이 숨겨져 있어.

교사가 된 것을 후회한 적이 있나요

재미선아

여러 가지 질문 중 이 질문을 가장 먼저 답했다. 다른 질문들과 다르게 답이 바로 떠올랐기 때문이다. 교사가 된 것을 후회한 적이 몇 안 되는데, 아마도 후회의 기억은 '부정적인' 기억이라 뇌리에 강하게 남았나 보다. 11년의 교직 생활 중 후회는 두 번 있었다.

한 번은 교원 평가 학생 서술형 항목을 열람하였을 때이다. 앞선 몇 년간 '젊은 선생님'이라는 무기로 칭찬들만 가득한 교원 평가를 받았다. 그래서 그 일이 있었던 해의 나는 자만으로 가득했다. 올해는 또 어떤 칭찬이 있을까 기대하며 당당히 열람 버튼을 눌렀을 때, 내게 너무나 상처인 말이 쓰여있었다. 근거가 충분한 건강한 비판이 아닌, 지금의 나로서도 여전히 납득할 수가 없는 소위 악플에 가까운 말들이었다. 나는 몇 날 며칠을 끙끙 앓았고, 대중의 인기를 먹고 산다는 연예인의 심정을 잠시나마 이해할 수 있었다. 교실에 들어설 때면 저 순수한 눈빛들 속의 누군가는 내게 저주에 가까운 말들을 쏟아붓고 있을 거란 생각에 너무 두렵고 무서웠다. 그때 처음으로 교사가 된 것을 후회했다. 왜 남의 시선과 평가에 민감한 내가 이런 직업을 선택하게 된 것일까. 근거가 충분한 건전한 비판이라면 교원 평가도 교사를 한층 발전시킬 수 있겠지만, 그렇지 않다면 오히려 교사의 의욕을 꺾는 일이 되고 만다는 생각이 들었다.

비슷한 맥락에서 또 하나의 사건이 있었다. 수업 시간에 내가 습관적으로 하는 제스처와 말투가 자신이 싫어하는 사람을 닮았다며 대놓고 나를 '보이콧' 하던 학생이 있었다. 그 학생이 등교 거부를 하면서 나는 그 사실을 알게 되었다. 나는 도무지 기억나지 않지만 내가 학생들 앞에서 자신에게 망신을 줬다며 눈물을 흘리기도 했고 그저 내가 싫다고 말하기도 했다. 큰 이유 없이 존재 자체가 부정당하는 느낌을 처음 느꼈던 나는 수업을 마치고 교무실로 돌아와 펑펑 울기도 했다.

앞선 사건들이 직업인으로서의 나를 더 단단하게 해주었다고 말할 수 있다. 아니 '단단하게'라고 쓰고 '현실화'라고 읽어야겠다. 내가 최선을 다하기만 한다면 모든 아이가 나를 좋아해 줄 거라는 병아리 교사의 환상에서 벗어날 수 있었으니까. 그 후로는 교원 평가에 근거가 없는 말이 있더라도 크게 신경 쓰지 않는다. 내가 교사로서 최선을 다해야 하는 것은 맞지만, 근거 없는 비난에 흔들릴 필요는 없다는 것을 깨달았기 때문이다. 내가 그러한 말들에 흔들리며 의기소침해지는 것이 어쩌면 대다수 아이들에게 더 안 좋은 영향을 미칠 수 있다는 것을 알았기 때문이다.

그리고 학생이라는 다수 앞에 서야 하는 교사라는 직업에 대해 다시금 생각해보게 되었다. 내가 장점만 생각하며 그토록 원하고 원했던 직업의 이면이 이렇게 어두웠다니. 30년 남짓 살아오며 남의 이야기로만 생각했던 인생의 어떤 진리를 몸소 깨닫게 되는 순간이었다. 모든 일에는 양면이 존재하기 때문에 오로지 좋기만 한 것도, 오로지 나쁘기만 한 것도 없다는 것을 말이다. 내가 교사를 꿈꿀 때는 교사라는 직업에 장점만 있는 것 같았다. 내가 너무나 간절히 원했기에 그랬을 수도 있지만, 그 누구도 내게 이 직업의 이면에 대해 말해주지 않았다. 그래서 앞선 일련의 사건들로 인해 나는 큰 상처를 받았다.

또한 교사라는 직업이 가진 무게를 실감했다. 내가 인식하지 못했던 나의 말 한마디가, 몸짓 하나가 누군가에게는 왜곡되어 받아들여지면서 상처가 될 수도 있겠다는 것을 말이다. 단지 소통의 부재 때문이라고 치부하기에는 학생들과 나는 꽤 많이 소통해왔다고 생각한다. 그저 학생들에게는 교사의 말 한마디와 행동이 교사가 생각하는 것보다 훨씬 무겁게 다가오는 듯하다. 비단 교사와 학생의 문제에서만 아니라 모든 인간관계에서 그럴 수 있다. 고부갈등이 왜 있겠는가. 작정하고 나를 미워하게 만들기 위해 부정적인 행동을 하는 사람은 거의 없다. 그저 생각 없이 했던 한마디 말과 행동이 상대방에게는 무겁게 다가와 갈등이 일어나는 것이다.

요즘도 늘 말의 무게와 행동의 무게를 실감한다. 그러기가 쉽지는 않지만, 한마디 말과 작은 행동 하나도 조심스럽게 해야 할 것 같다. 이런 생각들을 하다 보면 제대로 된 '교사'로 살아가기는 정말 어려운 것 같다는 생각이 든다.

아람민영

"담임이면서 아이가 그리될 때까지 대체 뭐 했어요? 학교 그만둬야 하는 거 아닙니까? 시말서 쓰소!"

시간이 매우 많이 흘렀다. 교직 초창기로 거슬러 올라간다. 나는 여전히 그때 그곳, 10여 명의 선생님이 모여 회의하던 교장실 소파에 앉아 있다. 우리 반 아이 한 명이 여러 친구에게 따돌림을 당했다. 은밀하고 조용한 따돌림과 괴롭힘이 어른들이 아무도 눈치채지 못한 곳에서 오고 갔다. 어제까지만 해도 모두가 소중한 우리 반 아이들이었는데, 오늘이 되면서 아이들에게 전혀 붙이고 싶지 않은 이름들이 붙었다. 우리 반 아이가 피해자였고, 우리 반 아이들이 가해자였다. 아이들의 암묵적 동의와 동조로 '가해 학생'의 범위가 자꾸만 넓어졌다.

당시 나는 학기 중 연수에 의무 참석했어야만 했다. 해야 할 업무가 있었고, 업무 담당자는 반드시 참석해야만 하는 연수였다. 몇 주 동안 우리 반에는 담임이 부재했다. 연수에 다녀온 이후에는 더 바빴다. 밀린 업무와 수업이 기다렸다는 듯이 밀려왔고, 새벽까지 쌓인 일을 눈이 빨개질 때까지 해치우고 다시 학교에 나가서 쉬지 않고 일했다. 결코 게을리하지 않았다. 최선을 다해 일했다. 그런데 내게 닥쳐온 것은 갑작스러운 학부모님의 전화 한 통과 이어진 일련의 사건들이었다. 집단 따돌림과 폭력, 가해와 피해와 같은 무거운 단어들이 매일 우리 사이에 오고 갔고, 학교에 오면 회의하고 방과 후가 되면 아이에게 매일 가정방문을 갔다. 대학 졸업한 지 얼마 되지도 않은, 새파랗게 젊은 담임이 학부모님의 눈에 과연 어떻게 보였을까?

그때 일어난 일을 세세히 기록하지는 않는다. 누구의 잘잘못을 이야기하려 오랫동안 묻어둔 옛이야기를 꺼낸 게 아니다. 다만 그때 일을 돌아보며 앞으로 어떤 교직 생활을 해야 하며, 어떤 교사가 되어야 하는가를 자문해본다. 햇병아리 중에서도 햇병아리 같았던 당시의 나는, '교사를 그만둬야 하지 않느냐, 시말서(지금의 경위서)를 써야 한다.'라고 주장하던 분의 말을 있는 그대로 받아들였다.

'그래, 내가 좀 더 관심을 기울여야 했어. 내가 그만두는 것으로 아이의 상처가 나아질 수 있다면, 이 상황이 해결될 수 있다면 당연히 그래야지.'

그때 그 시각, 소파에 앉은 20대의 나는 그런 생각을 하고 있었다. 그런데 또렷하게 기억나는 목소리가 있다. 어떤 경력 있는 여선생님의 목소리였다. 모두가 근엄하고 진지한 표정으로 침묵하던 곳에서, 마치 그 장소가 나의 잘못을 심판받는 자리인 것처럼, 죄인이 된 마음으로 앉아 있던 내게 들려왔던 목소리. 무엇을 어찌해야 할지 몰라 고통스러운 마음으로 전전긍긍하고 있었을 때, 그 목소리가 들려왔다.

"아니, 그런 말이 어디 있습니까? 지금 이 상황에서 제일 힘들 수밖에 없는 사람이 담임인데, 같이 짊어지고 해결을 도와야죠. 해결하자고 모인 거 아닙니까? 담임에게 비난의 화살을 돌리는 경우가 어디 있습니까? 그러면 담임들이 뭘 믿고 교육 활동을 합니까?"

돌이켜보면 당시 그 선생님은 아마 지금의 내 나이 정도 되었거나 어쩌면 지금의 나보다 좀 더 젊은 나이였을지도 모르겠다. 지금은 얼굴도 성함도 잘 기억이 나지 않는다. 평소에 친분이 있던 사이도 아니었다. 같은 학교에 근무하면서도 같은 부서도, 같은 학년도 아니어서 관계가 형성될 만한 계기가 없었기 때문이다. 그런데 그 순간 선생님의 말씀은 십여 년이 흐른 지금도 생생히 기억에 남아 있다. 그런데 나는 그 목소리를 들으면서도 계속 자기 학대라 불러도 될 만큼의 자기반성에 빠져 있었다. 담임으로서 아이들이 몰래 했던 괴롭힘의 징후를 알아채지 못했던 것이 아이와 부모님께 너무나 미안하고 죄스러웠고, 그래서 우리 반아이들 모두가 힘든 시간을 보낼 수밖에 없게 된 것이 모두 내 책임이라 느껴졌기 때문이다.

이 시간을 돌아보며 글을 쓰는 지금, 나는 여전히 마음이 아프고 고통스럽다. 굳이 다시 꺼내어 마주하며 직면하고 싶지 않은 기억이기 때문이다. 나는 여전히 그 회의 장소에 죄인처럼 앉아 있다. 아이 집에 가서 무릎을 꿇고 앉아 있다. 학부모님 손을 잡고 함께 울고 있다.

교사의 상처를 치유할 수 있는 공간은 어디에도 없었다. 나는 너무 외로웠고 무서웠다. 까맣게 막힌 공간에 혼자 남겨진 것만 같았다. 그렇지만 그렇게 말할 수 없었다. 나는 담임이었고, 책임을 지녀야 했고, 나와는 비교도 되지 않을 만큼 상처 입었을 아이의 마음을 보듬어야 했고, 해결 과정에서 함께 상처 받았을 가해 아이들의 마음도 헤아려야 했고, 부모님들의 마음도 설득해야 했고… 했고… 했고… 했으니까. 당시의 몇 해 동안이 내내 너무 고통스럽고 힘들어서 교사라는 옷이 버거웠다.

그렇지만 지금은 주인이 기억나지 않는 목소리가 그때의 나를 일으켜 세워준 게 아닐까. 한 사람을 구원하는 건 거창하고 큰 게 아닐지도 모른다. 누군가 건네는 말 한마디, 진심 어린 용기 하나. 열 명 중에 단 한 명, 누구도 꺼내기 힘들어 망설이며 침묵할 때 용기 내어 말하는, 그래서 십여 년이 흐른 후에도 눈물을 닦아낼 수 있게 도와주는 목소리 하나.

세월이 많이 흘렀다. 지금은 얼마나 달라졌을까? 학교에서는 '회복적 생활교육'이라 불리는 예방과 처방 과정들이 더욱 체계화되었고, 학교폭력과 집단 따돌림에 대한 사회적 인식도 많이 달라지고 있다. 대중매체를 통해 학창 시절의 학교폭력이 어른이 된 이후에 다시 어떤 부메랑이 되어 날아오는지 보도되기도 한다. 그때 아이들은 장성한 어른이 되었을 것이다. 그때의 나는 시간의 강물을 넘고 넘어 지금의 내가 되었다. 아파본 사람은 아픈 사람을 알아본다. 상처를 입어본 사람이 상처 입은 사람의 마음을 더 깊이 헤아릴 수 있을 테니까. 그런 마음들이 모였다. 신규교사 시절, 목소리를 내어준 그 선생님처럼 나도 누군가에게 손을 내밀고 싶었다.

여러 선생님과 마음을 모아 신규교사 도움닫기 캠프를 기획하여 여러 해 진행했다. 캠프의 목적은 치유와 공감, 소통에 있었다. 캠프는 3박 4일간 진행하기로 했고, 신규교사부터 5년 차 이하 경력 선생님들의 신청을 받았다.

100여 명이 훌쩍 넘는 선생님들께서 신청해주셨다. 옆에서 진행을 돕는 '길벗' 선생님은 경력과 나이에 관계없이 신청하여 참여할 수 있었는데 우리는 길벗 선생님으로 그곳에 함께했다.

100여 명이 넘는 선생님들과 함께 3일간 아침마다 통영 바닷바람을 쐬며 질문의 길을 걷던 순간이 생각난다. 바닷길 옆으로 부착해놓은 질문의 길을 걸으며 마음에 들어오는 질문을 품고 바다 빛깔을 마주했다. 차가운 겨울바람 속을 걸으며 자신의 마음을 돌아보기도 했다.

조용한 가운데에서 가만히 책을 읽는 바다 독서의 시간, 저마다 랜덤으로 아무 재료나 가져와서 그날 처음 만난 동료와 함께 색다른 요리를 창조하던 시간, 깃발을 하나씩 들고 우리만의 고래를 발견하기 위해 세상 밖으로 나가 사람을 만나던 시간, 1년 후의 나에게 보내는 편지를 써서 느린 우체통에 넣어 부치던 마무리 시간까지. 날씨는 정말 추웠지만, 결코 춥지 않은 마음이었다. 그건 아마도 곁에 동료가 있었기 때문일 것이다.

학교라는 공간 안에 사람이 있다. 나이와 경력에 관계없이 힘든 상황은 언제든 우리를 찾아올 수 있다. 교육기관이기 때문에 학생들의 마음을 최우선으로 생각하게 되지만, 교사의 마음 치유는 그래서 더 절실하다. 아이의 아픈 마음을 돌보려 할 때 교사의 마음이 이미 상처투성이라면 그 보살핌은 잘 이루어질 수 있을까? 직업을 넘어 한 명의 사람으로서 상처를 치유하지 못한 채 어둠 속에 꽁꽁 숨겨 놓은 사람의 삶은 과연 행복하다고 말할 수 있을까?

쨍한 햇볕 아래 상처를 꺼내 말리자. 축축하고 습한 어둠 속에서 홀로 웅크려 울고 있던 나에게 가만히 다가가자. 아팠던 나에게, 딛고 일어서는 내가 미소를 보낸다.

"교사가 되기를 간절히 원했지만, 예상과 다른 학교생활이 참 많이 힘들었지? 힘들다고 말하면 엄살이라 여길까 봐 말하지도 않았지. 힘들었던 이야기를 고백하면 되레 약점이 될까 봐 걱정하기도 했지. 그렇지만 괜찮아. 불안하지 않은 사람이 어디 있을까. 두려움을 딛고 일어서는 힘, 불안을 견디며 살아가는 힘. 이 이야기를 글로 쓰는 것 자체로 너는 정말 용기를 낸 거야. 눈물로 겨우겨우 이어서 쓴 글이 누군가에게 1그램의 용기가 될 수 있다면 이 부끄러운 고백은 그만큼의 의미가 있을 거야. 그러니 아무것도 걱정하지 말자. 괜찮아, 정말 괜찮아."

근거가 충분한 건전한 비판이라면
교원 평가도 교사를 한층 발전시킬 수 있겠지만,
자칫하면 교사의 의욕을 꺾을 수도 있어.

쨍한 햇볕 아래 상처를 꺼내 말리자.
홀로 웅크려 울고 있던 나에게 가만히 다가가자.
아팠던 나에게,
딛고 일어서는 내가 미소를 보내.

선생님은 성장을 위해 무엇을 하고 있나요

활활화영

나는 '업글인간'이다. 이것은 김난도 외 8명의 책, 《트렌드 코리아 2020》에서 선정한 2020년을 이끌 10대 키워드 중 하나로 단순한 성공이 아닌 성장을 추구하는 새로운 자기 계발형 인간을 뜻한다. 나는 타인과의 경쟁이 아닌 나 자신과의 경쟁을 통해 '어제보다 나은 오늘의 나'가 되기 위해 끊임없이 노력한다. 단순히 스펙을 쌓아 내가 원하는 직위에 오르기 위함이 아니라, 삶의 질을 향상하기 위해 스스로를 업그레이드한다. 이를 위해 나는 매년 세 가지를 꾸준히 실천하고 있다.

첫째, 글쓰기를 통해 끊임없이 성찰한다. 누구나 마찬가지겠지만 삶의 무게에 짓눌려 나를 돌아볼 여유가 없다. 종종 바쁘다는 핑계로 일하는 기계처럼 출퇴근을 반복하며 사고하지 않는 삶을 살 때가 있다. 그런데 정말 다행스럽게도 나에게 책을 집필할 수 있는 귀한 기회가 주어져 과거의 나를 되돌아보고, 현재의 나를 경계하고, 미래의 나를 꿈꿀 수 있게 되었다. 이번이 벌써 세 번째 책이다. 물론 나 혼자 한 권의 책을 모두 집필하는 것은 아니다. 선생님들과 함께하는 공저여서 더욱 유익하다. 왜냐하면 선생님들과의 깊이 있는 논의를 통해 교사로서의 정체성을 함께 고민할 수 있었기 때문이다. 물론 오롯이 나 자신에 대해 치열하게 성찰할 수 있는 시간도 주어졌다.

앞선 두 권의 책을 통해 어린 시절부터 꿈꿔왔던 교사의 길에 들어서 10여 년간 성장해온 삶을 되돌아볼 수 있었고, 새로운 도전의 과정에서 처참히 깨지고 넘어지다 다시 나를 일으켜 세울 용기를 얻을 수 있었다. 부끄러운 글이지만 내 삶을 정리하고 새롭게 시작할 수 있는 거울이 되어준 고마운 책들이다. 글을 쓰는 일은 매번 어렵지만, 이번 세 번째 책은 더욱 그러하다. 교사의 삶에 대해 근원적으로 캐묻는 10개의 심오한 질문을 계속해서 들여다보고 있자니 어디서부터 어떻게 써 내려가야 할지 막막하다. 그래서 1학기 내내 노트북 하단에 10개의 질문이 적힌 포스트잇을 붙여두고 하루에도 몇 번이고 보고 또 보고, 생각하고 또 생각하기를 수없이 반복하였다.

둘째, 용기 있게 도전한다. 나의 가장 큰 장점이자 단점은 직진 본능으로 어떤 상황에서도 "GO!"를 외친다. 새로운 것을 접하는 것, 새로운 환경에 뛰어드는 것, 새로운 시도를 하는 것을 즐긴다. 대안교육 위탁기관에서 근무했던 지난 2년도 나의 자발성에 근간을 둔 과감한 결단이었다. 사실 생각해보면 교사로서 16년 지내오는 동안 나보다 도전을 많이 한 사람이 있을까 싶다. 물론 그 도전은 지금도 현재진행형이다. 그런데 이것은 비단 교사의 영역에만 국한되지 않는다. 고등학교 때는 야간자율학습을 빠지고 청소년 가요제에 출전하였는데, 이것이 내 인생 유일한 땡땡이였다. 대학교 때는 전국노래자랑에 부모님 몰래 출연해 주변 사람들을 크게 놀라게 하기도 했다. 어릴 적부터 반전을 좋아하고 호기심이 많아 늘 새로운 경험을 즐겼다. '나'라는 사람 자체가 자아존중감, 자아효능감이 높아 실패에 대한 두려움이 낮고 용기 있게 도전하는 것을 좋아한다.

도전의 대가가 항상 달콤하기만 한 것은 아니다. 때로는 너무나 차디찬 결과가 돌아와 좌절할 때도 있다. 하지만 그렇다고 하여 단연코 내 도전을 후회한 적은 없다. 항상 긍정적으로 사고하는 탓도 있지만 그것보다는 실패라는 결과가 어떤 식으로든 나에게 가르침과 배움을 주었기 때문이다. 나 자신과 타인을 해하는 것을 제외하고는 모든 경험은 인간에게 유용한 학습의 기회라고 생각한다. 그래서 도전의 결과에 상관없이 그 자체를 즐기고 그 과정에서 발생하는 경험을 온몸으로 체화한다.

셋째, 여행을 떠난다. 여행을 시작한 것은 2017년, 불과 5년밖에 되지 않았다. 이전의 나는 주말에도, 방학 때도 나를 혹사시키는 교사였다. 어느 순간 나의 내면이 점점 바닥을 드러내 보이고, 논바닥 갈라지듯 쩍쩍 메말라갔다. 그런데 나는 그 지경이 되도록 내 몸과 마음의 신호를 미처 알아차리지 못했다. 다행스럽게도 2017년 미국 동부지역으로 11박 14일간 연수를 떠나게 되었는데, 그것이 터닝 포인트가 되어 내 삶의 가치와 지향점을 바꾸어 놓았다. 그때 유람선에서 바라본 자유의 여신상과 드높은 빌딩들, 그리고 그 당시 들었던 프랭크 시나트라(Frank Sinetra)의 'New York New York'은 지금도 내 심장을 뛰게 한다.

그 이후로는 아무리 바쁘더라도 주말과 방학에는 꼭 시간을 내어 나를 채우는 여행을 떠난다. 잠시 책과 노트북은 내려놓고 맛있는 음식과 멋진 뷰, 문화생활로 내면을 살찌운다. 이것이 또 평일과 학기 중에 수업을 디자인하고 업무를 추진하는 데 영감을 주고 삶의 동력이 되어 상호 선순환하고 있다. 나에게 여행은 일상 속 무거운 역할들을 잠시 내려놓고 낯선 곳에서 오롯이 나만 바라보는 시간이다.

여행은 낯선 곳에서의 이색적인 체험과 발견, 새로운 만남을 통해 나를 성장시킨다. 오감을 통한 직접적인 접촉은 평소 몰랐던 것을 알게 하고, 기존에 알던 것을 다시 새롭게 보게 하는 인식의 확장을 가져온다. 일상을 벗어난 여행지에서의 시간을 온전하게 나 자신에게 집중하는 데 사용하면, 평소 알아차리지 못했던 내면의 목소리를 들을 수 있다. 그리고 마지막으로 여행이 주는 깨달음이 자신의 마음에 스며들면 이것은 삶을 변화시키는 큰 계기가 될 수 있다.

업글 인간인 나는 현재도 글 쓰고, 도전하고, 여행하며 어제보다 나은 오늘의 내가 되어가는 중이다. 성장을 위한 노력도, 그리고 그것을 통한 지향점도 내가 결정한다. 내적 동기에 기초한 자발적인 실천이기에 16년째 지치지 않고 해나갈 수 있는 것이다. 서화영 파이팅!

마나미나

송광사에서 템플 스테이를 한 적이 있다. 법정 스님이 쓰신 수필과 스님의 일대기를 쓴 소설을 읽고 나서였다. 그때가 스님이 입적하신 지 이 년이 지난 후였다. 나는 종교가 없지만, 말과 글 그리고 삶이 다르지 않음을 몸소 실천하며 사신 스님에 대한 존경심이 들었다. 그리고 이젠 뵙기엔 늦었다는 사실에 안타까움이 생겼다. 책은 끝났지만, 스님이 머릿속에서 사라지지 않았다. 사라지지 않는 것은 이유가 있을 것이라고 생각했다. 몸으로 찾아가야만 했다. 크게 고민하지 않고 혼자 길을 나섰다.

승보 사찰답게 송광사에는 스님들이 참 많았다. 무슨 뜻인지 알 수는 없었지만, 스님들의 예불 소리와 순서를 돌아가며 북을 치는 장면은 템플 스테이를 하며 받은 소중한 선물이었다. 책에서 느낀 청아함을 단순하고도 정확하게 몸으로 느꼈던 시간이었다. 신규 교사였던 나는 머릿속 복잡한 것은 모두 거둬내고 단순하고 정확하게 마음을 잡으란 뜻으로 그 시간을 받아들였다.

십 년이 지났다. 지금 나는 법정 스님의 '무소유'를 서서히 잊어버리며 그저 바쁘게 하루하루를 살고 있는 어리석은 중생이다. 얼마 전 학생들과 여행을 가는 것으로 고민을 하다가 템플 스테이를 다시 생각했다. 여행지로 선정되진 못해 아쉽긴 했지만 그 덕분에 나는 수필《무소유》와 소설《무소유》를 다시 꺼냈다. 마치 처음 보는 책인 듯했지만, 스님이 직접 만드신 빠삐용 의자와 불일암 사진을 보니 그때의 마음이 조금씩 되살아났다.

이번에는 책을 좀 더 천천히 읽었다. 책을 읽는다는 느낌보다는 영화를 보는 느낌이었다. 스님의 삶이 좀 더 깊이 있게 다가왔다. 한참을 집중하고 있는데 문득 내가 왜 이렇게 조심스럽게 책을 읽고 있는지 궁금해졌다. 한 번도 들어본 적 없는 새로운 내용인 것도 아니었는데 무엇이 내 마음을 이리도 경건하게 만든 걸까. 질문을 마음에 두고 책을 계속 읽었다. 마지막으로 입적하시는 부분에서는 괜히 책을 열고 덮고를 반복했다. 결국엔 새벽에 마지막 책장을 덮었다. 스님과 닮은 새벽이었다. 맑은 향이 어디선가 나는 듯했다. 이번에도 스님은 내 안에서 떠나지 않으셨다. 책을 덮고 한참을 멍하니 있었다.

새벽하늘은 먹빛이었다. 단순함이 느껴졌다. 그리고 내

조심스러움의 이유를 스님의 단순함에서 찾았다. 배우고 생각한 것을 그대로 행동하신 단순한 스님의 삶이 나에게 뭔가를 말해주는 듯했다. 잡생각 많은 내게 쓸데없는 군더더기 없애버리라고 말씀하시는 듯했다. 템플스테이에서 들었던 새벽 예불 소리와 북소리의 청아함이 다시 들렸다. 까마득하게 잊어버리고 있었던 귀한 소리였다. 내가 바쁘다는 핑계로 중요한 것을 놓치고 살고 있었다는 사실을 깨달았다. 창밖을 한참을 쳐다봤다. 다들 잠들어 있는 새벽에 고요한 소리가 들렸다. 마음속에서 들리는 내 목소리였다. 스님과 인생에 관해 이야기하는 듯했다. 마음이 편안해졌다.

의도한 것은 아닌데 책을 읽고 나서 말수가 좀 준 것 같다. 내가 내뱉는 말은 결국 내가 행해야 하는 말이기 때문이다. 한마디를 더 하면 한 마디의 무게를 더 짊어져야 한다. 그 무게가 부담스러워 말수가 줄어든다. 회피 같아 보이지만 말을 줄일수록 나는 가벼워지는 듯하다. 좀 더 가볍게 좀 더 단순하게 삶을 살고 싶어 내 그릇에 최소한의 말을 담고 싶다. 꼼수인지 복잡한 머릿속을 푸는 과정인지 아직은 알 수 없다. 일단 계획하고 말수를 줄인 것이 아니니 그냥 나를 믿어보기로 했다.

십 년이 더 지난 후 나는 또 어떤 모습으로 살고 있을까. 어리석은 중생이니 또 배운 것을 잊어버리고 한 치 앞만 보며 살고 있을지도 모른다. 그래도 혹시 연이 이어진다면 어떤 계기로 다시 스님의 책을 읽을 기회가 생기진 않을까. 그때 나는 지금보다는 좀 더 단순해진 눈으로 책을 볼 수 있을까. 그랬으면 좋겠다는 마음을 담아 질문을 되새겨본다. 배움을 마음에 담고 마음을 행동에 담은 삶을 살고 있었으면 좋겠다. 스님이 삶을 통해 나에게 주신 숙제이자 길이라 생각한다.

스님이 내 안에 계속 남아 계셨던 이유는 무엇일까. 내가 어리석은 중생이기 때문은 아닐까. 배우고 잊어버리고를 반복하는 모습이 안타까워 오랜 여운을 주시려는 마음이지 싶다. 좋은 말도 두 번 하면 잔소리라는데 내가 모자라 스님을 계속 잔소리꾼으로 만드는 것 같아 미안하다. 스님 바쁘실 테니 더 이상 신경 쓰시지 않도록 배운 것은 잊지 말고 살자. 복잡하려면 한없이 복잡하고 단순하려면 한없이 단순한 것이 인생이라 했다. 그렇다면 인생은 복잡한 것도 단순한 것도 아니란 뜻이지 않는가. 괜시리 복잡하게 삶을 생각하는 나는 단순함에 밑줄을 그어 본다. 가끔 새벽하늘을 쳐다보는 것도 좋겠다. 겨우 다잡은 단순함이 다

시 복잡하게 얽혀지려 할 때 새벽의 찹찹함이 정신을 다잡
아 줄 수도 있을 테니 말이다.

도전의 결과에 상관없이
그 자체를 즐기고
그 과정에서 발생하는 경험들을
온몸으로 받아들이자.

활활화영

마나미나

단순함이 느껴졌어.
그리고 나는 내 조심스러움의 이유를
스님의 단순함에서 찾았어.

교실은 선생님에게 어떤 공간인가요
교사로서 어떤 삶을 살기를 원하나요
마지막 수업은 어떻게 하고 싶나요
선생님에게 교사 이후의 삶이 있나요

5부

삶

교실은 선생님에게 어떤 공간인가요

아람민영

우리 학교에 처음 온 날, 나는 교실을 보고 반해버렸다. 어떻게 이런 교실이 있지? 국어 교실과 학교 도서관이 미닫이문으로 연결되어 있어, 수업하다가 필요할 때면 문을 열고 도서관으로 가서 자연스레 책을 찾아 읽는 교실. 국어 교사에게 이보다 더 좋은 교실 공간이 있을까? 그리고 이 공간을 온전히 나와 아이들이 사용할 수 있다니!

한 학년에 열두 반까지 있던 인문계 고등학교에서, 한 학년에 한 반씩 있는 소규모 중학교로 온 시간. 전교생 숫자가 오십여 명 남짓한 작은 학교에서 지낼 삶이 심장을 뛰게 했다. 2월에 대여섯 번 학교에 들락거리면서 보따리를 풀고 아이들의 이름을 외웠다. 아이들을 만나기 전에 이름과 얼굴을 미리 외워두고 싶었다. 아이들 사진마다 눈을 맞추며 이름을 기억했다.

커다란 캐리어에 교실에 두고 싶은 물건들을 한가득 담아서 교실로 옮겼다. 그렇게 며칠 동안이나 학교에 들락거리며 대대적인 정리를 거쳐 이사했다. 아이들과 읽고 싶은 책, 아이들과 수업할 때 쓰려고 만든 보드게임, 아이들과 함께 나누고 싶은 교실 철학을 담은 팻말, 아이들과 함께 마실 차까지.

해마다 2월이면 교사들은 몸과 마음이 분주해진다. 새 학년 새 학기의 업무를 나누어 맡는 순간이 다가오기도 하고, 특히 새로운 학교로 옮기게 될 때는 준비하고 생각해야 할 것들이 더 많기 때문이다. 그렇지만 새 학기를 준비하는 마음은 다들 비슷해서 2월은 불안과 설렘이 공존하는 시기가 되곤 한다. 그런 선생님들의 2월을 바라보며 노래 가사를 쓰고 작은 공연을 하기도 했다.

혼자 바닥을 쓸고 있나요

끙끙 먼지를 닦고 있나요

혼자 준비하기엔 너무 넓은 교실에

아침 일찍부터 두근두근 문을 여나요

혼자 행복한 상상하나요

싱긋 설레는 마음인가요

이제 조금 있으면 우리만의 교실에

아침 일찍부터 콩닥콩닥 아이들 표정

아무도 알아주지 않아도

사람들을 기다리는 당신을 응원해요

누군가 준비해둔 손길이

긴장한 마음 따뜻하게 녹이는 봄이 와요

아이들 마음 행복하게 훔치는 봄이 와요

〈학교 도둑〉 (김민영 작사, 예영주 작곡)

이 노래는 선생님들의 2월에 대한 응원이자 스스로에 대
한 격려이기도 했다. 소규모 농어촌 학교에 근무하다 보니
따로 숙직하시는 주무관님이 안 계신다. 2월에 학교를 가
면 직접 경비보안장치를 해제하고 학교에 들고나는 경우가

많다. 아무도 없는 학교에 들어설 때 실수로 비상벨이 울려 버리는 순간이면 진땀이 난다. 그런 순간 마치 학교 도둑이 된 것 같은 느낌을 표현한 가사였다.

빈 교실에서 사부작사부작 새 학기를 준비하는 일은 설레고 즐거웠다. 아무도 없는 공간이지만, 그 공간 안에 들어설 새 얼굴들을 상상하고 그려보는 일은 기분 좋은 일이니까. 단단히 준비하고 맞이하는 3월은 즐겁고 든든하니까.

교실 문 앞에는 '믿는 구석'이라는 이름표를 붙였다. 믿는 구석이란, 선생님과 아이들이 서로에게 '믿는 구석'이 되는 곳, 아이들이 서로가 서로에게 '믿는 구석'이 되는 곳, 더 나아가 자기 안에 '믿는 구석'의 힘을 기르는 곳이라는 의미를 담았다.

작은 농어촌학교 생활은 도시학교 생활과 너무나도 달랐다. 처음 학교를 이동한 후 많은 동료 선생님이 물었다.
"고등학교에 있다가 중학교로 가니까 어때요?"
그런데 여기에는 중학교와 고등학교 차이 정도로는 표현할 수 없는 무척 큰 차이가 있었다. 지리, 환경, 공간, 문화, 사람 수 등. 여기서 가장 크게 다가온 느낌은 '자유'였다. 다른 학교에서 경험할 수 없었던 자유가 밀려왔다. 학교에 단 한 명뿐인 국어 선생님으로 타인의 시선이나 생각에 구애받지 않고 원하는 수업을 펼 수 있는 기회였다. 그렇지만 그 자유는 쉽게 내 것이 되지 않았다. 일 년 내내 불안이 그림자처럼 따라붙었다.

처음으로 국어과 동료가 한 명도 없는 환경에서 근무하는 일은 결코 쉬운 일이 아니었다. 앞서 계시던 국어 선생님의 3월 업무를 검색하고 깜짝 놀랐다. 전년도 3월의 공문 처리 건수는 15쪽이 넘었다. 한 달간 150개가 넘는 공문 처리를 하셨던 것이다. 그중 작성 문서가 반이 넘었다. 작은 학교는 정말 일이 많았다. 매월 전임 국어 선생님 성함을 검색어에 넣고 다음 달에 처리해야 할 공문 제목을 정리하며 일처리를 해나갔다. 동료 선생님들과 학부모님들, 학생들로부터 전임 국어 선생님 이야기를 자주 들었다. 그럴 때마다 나도 모르게 위축되는 감정이 들곤 했다. 나는 과연 선생님만큼 해낼 수 있을까? 한 명의 교사가 세 학년 모두의 수업과 평가를 준비하고 아이들의 성장을 살피는 일은 결코 허투루 할 수 있는 일이 아니었다.

자유는 정직한 얼굴로 책임을 요구한다. 나는 자유의 요구에 충실한 마음으로 화답하고 싶었다. 아이들의 삶에서 중학교 3년이라는 시간은 정말 소중한 성장의 시간이 아닌가? 그 시간 동안 만나는 국어 교사가 나 한 명이라니. 여러 훌륭한 선생님께서 아이들에게 전해줄 수 있는 다양한 삶의 결을 생각할 때 책임의 무게가 묵직하게 심장을 눌렀다. 나는 내게 주어진 자유를 충분히 누리면서 아이들에 대한 책임을 다하는 사람이 되고 싶었다.

5년이 흘렀다. 교실 안에서 많은 일들이 있었다. 여러 표정과 목소리와 움직임이 생각난다. 그중에서도 매년 함께 해 온 '낭독의 발견, 책을 말하다' 프로젝트를 떠올려본다. 이는 앞서 계시던 국어 선생님께서 2015년부터 하신 '책 말하기 대회'를 계속 이어 '낭독'과 '음악'을 추가하여 진행한 프로젝트이다. 흔히 새로운 일을 맡으면 기존의 것을 이어가기보다 새로운 것을 만들어내고 바꾸려고 하는 경우가 있다. 무조건 새롭게 바꾸는 것이 혁신은 아니다. 한 선생님이 떠나고 난 이후, 좋은 활동의 명맥이 끊어지지 않게 잇는 것도 가치 있는 일이라 여긴다. 평소 발표 기회가 부족해 말하기 불안을 크게 느끼는 우리 작은 학교 아이들에게 말하기 교육은 꼭 필요한 배움이라고 판단했다. 또한 책이라는 매체를 활용하면 더 쉽게 생각과 감정을 표현할 수 있으리라 생각했다.

　고요한 교실 안에서 책 속 세계로 몰입하던 아이들의 눈동자, 마음에 들어온 구절과 그 이유를 이야기하던 목소리, 친구들의 말에 귀를 기울이며 몸까지 자연스레 앞으로 기울어지던 아이들의 몸짓, 글 읽기를 힘겨워하던 친구가 낭독을 끝까지 해낼 때까지 숨죽이며 기다리던 그날의 공기, 친구의 낭독이 모두 끝났을 때 함께 기뻐하며 교실 속에 울려 퍼지던 박수 소리. 교실 '믿는 구석' 안에는 우리의 삶과 시간이 고스란히 배어있다.

　사실 공립학교에 근무하면서 이런 훌륭한 교실 환경을 누리는 것은 결코 흔한 일이 아니다. 우리 학교에 오기 전에는 단 한 번도 온전히 국어 수업을 위한 교실을 가져본 적이 없었다. 언제나 학생들이 있는 교실로 옮겨 다녔고, 수업에 필요한 교구들을 낑낑거리며 들고 다녔다. 교실용 카트나 커다란 바구니는 언제나 필수품이었고, 수업할 때마다 여기저기 보따리를 싸 들고 다니려니 무겁기도 하고 번거로웠다. 짐이 너무 많은 날엔 너무 유난스러운 것 같아서 괜히 멋쩍기도 했다.

교과교실제 학교에 근무할 때도 불편은 있었다. 막상 교실 수가 부족해 온전히 국어과 교실로 운영되지 못했기 때문이다. 교실을 사용하는 학급 학생들이 있었고, 수업 시간에만 다른 학생들에게 교실을 빌려주는 형태로 운영되었다. 또한 여러 명의 국어 교사가 같은 교실을 공유해서 썼다. 학급 교실이기도 하니 교실에 국어 수업 관련 교구들을 비치해둘 수도 없었다. 결국 교사도, 학생도 수업에 쓸 책과 교구들을 들고 다닐 수밖에 없는 상황이었다.

매번 그런 불편들을 겪었기에 우리 교실의 소중함을 더욱 크게 느낀다. 물리적으로 이런 교실을 가질 수 있다는 것은 정말 행복한 일이다. 교사로서의 내 빛깔을 고스란히 담아내고, 아이들과의 배움의 경험을 누적하여 담아내는 이 공간이 정말 소중하고 귀하다.

더 많은 아이와 선생님에게 더욱 자유로운 수업을 할 수 있는 교실이 선사되면 좋겠다. 공간이라는 것은 그 안에 머무는 사람의 생각과 가치관과 행동에 분명한 영향을 준다고 믿기 때문이다. 좋은 공간이 있기에 우리는 더 자유롭고 행복한 수업을 할 수 있고, 더 풍요롭게 읽고 쓰고 듣고 말하며 성장의 시간을 누릴 수 있다고 생각한다.

떠날 날이 가까워져 온다. 나 역시 앞서 계시던 선생님께서 내게 전해주신 것처럼, 소중하게 정리한 교실을 또 다른 좋은 선생님께 전해드리고 싶다. 그분께서 기쁜 마음으로 우리 아이들과 만나 행복하게 수업하실 수 있도록 정성 어린 마음을 담아서. 우리 교실을 떠난 이후에도 나는 한 번씩 이곳을 그리워하게 될 것 같다. 온전히 나다울 수 있던 교실 '믿는 구석'을, 그리고 이곳에서 함께 부대끼며 살아온 다정한 이름과 얼굴과 눈빛들을.

재미선아

'네가 시방 가시방석처럼 여기는 너의 앉은 자리가 바로 꽃자리
니라. 앉은 자리가 꽃자리니라.'

구상의 시, 〈꽃자리〉 中

이 시를 처음 읽었을 때의 충격을 기억한다. 내가 가시방
석처럼 여기는 나의 앉은 자리가 사실은 꽃자리라는 것. 어
렵지 않기에 쉽게 이해되는 시이지만, 이 시가 말하고자 하
는 그 단순한 진리를 실천하기란 참 어렵다는 것을 느낀다.
언제나 행동은 이해보다 느린 것이다. 이해하고 행동하지
않으면 아무것도 하지 않은 것과 같다.

나는 학생들을 참 좋아한다. 그 나이 때만 가질 수 있
는 풋풋함과 미숙함, 그 무모한 열정이 예쁘다. 때를 기다
려 어여쁘게 만개한 꽃처럼 한껏 젊음을 발산하며 여기저
기 좋은 향기를 흩뿌리는 학생들이 그 자체로 정말 사랑스
럽다. 젊은 날에는 젊음을 모르고 사랑할 때는 사랑을 모
른다더니. 내가 젊을 때는 왜 그때가 정말 좋았다는 걸, 그
자체로 사랑스러웠다는 걸 왜 몰랐을까. 나는 이제 돌아갈
수 없는 10대 시절의 그 젊음과 사랑스러움을 가진 학생

들이 너무 부럽기도 하다. 그래서 교실은 내게 꽃자리이다. 평생 그곳에서 머무르고 싶을 만큼, 조금 거짓말을 보태어 내게는 일류 호텔 스위트룸이 부럽지 않은 공간이다.

좀 슬픈 이야기이지만 행정 업무가 폭풍처럼 몰아쳐서 교무실이 지옥일 때 교실은 꽃자리가 된다. 처리해야 할 공문이 많을 때, 이것저것 나 좀 돌아봐달라고 입을 쩍쩍 벌리고 있는 일들이 산재해 있을 때, 그때 나는 교실로 도망친다. 물론 마음 한구석에는 '얼른 그 일을 처리해야 하는데.'라는 걱정이 있지만, 그래도 잠시나마 지옥에서 벗어날 수 있어서 너무 행복하다. 날 살려줘서 고맙다 얘들아. 그때의 나는 역시 수업하는 게 적성에 맞는다며 뒤늦게 적성을 발견하기도 한다.

하지만 육아에 지쳐 '오늘 지진이 일어났으면 좋겠다. 출근 안 하게.'라고 어마어마한 상상을 하며 출근하는 날의 교실은 가시방석이다. 종에 살고 종에 죽는 교사이지만 어쩐지 교실로 향하는 발걸음이 미적미적 느리다. 그렇게 반송장처럼 교실에 들어서면, 나를 보는 학생들의 눈빛도 나와 그다지 다르지 않다. 나는 육아하느라 힘들어서 그랬다 치고, 너희는 대체 왜 그러냐고 물어보면 "수행평가 준비하느라 너무 힘들어요.", "어제 시험 준비하느라 늦게 잤어요."라는 볼멘소리가 돌아온다. 그래, 꽃처럼 예쁜 너희들도 인생이 참 팍팍하구나. 그래도 육아엔 평가라는 것이 없으니 내가 너네보다 좀 낫네. 내가 힘내야겠다. 나는 갑자기 에너지를 폭발시키며 목이 터져라 수업한다.

시험 전날의 교실도 내겐 가시방석이다. 인문계 고등학교의 시험 전날은 '국룰'로 자습 시간을 줘야 한다. 물론 교사에게 자습 시간은 있을 수 없다고 강하게 주장하며 끝까지 다음 진도를 빼는 선생님들도 있겠지만, 나는 학생들의 그 매서운 눈초리를 견딜 자신이 없어 늘 자습 시간을 준다. 그런데 공부를 위해 시간을 달라고 했던 학생들이 도리어 꾸벅꾸벅 졸고만 있다. 정말 그 시간을 활용하는 학생들은 몇 되지 않는다. 그때 나는 생각한다. 난 누구? 여긴 어디? 아, 도망치고 싶다.

긴 인생을 살진 않았지만, 인생사 다 이런 게 아닐까 싶다. 내 마음에 따라 모든 것이 달라진다는 것. 임용시험에 합격하기 전에 교실은 내게 꼭 가고 싶은 꽃자리였다. 그런데 합격 후 좀 힘들어지면 바로 가시방석으로 바뀌고야 말았다. 사람이 어떻게 이렇게 달라질 수 있나 싶었지만, 인간은 적응하는 동물이니 나도 교사가 된 것에 벌써 적응했나 싶어 씁쓸하기도 했다. 어쨌든 내 마음에 따라 모든 것이 달라진다는 그 말은 내게 설렘을 준다. 내 마음의 크기에 따라 내 세상의 크기도 달라진다는 말이니까. 내가 느끼고, 보고, 경험하는 세상이 달라지는 것이니까.

　교실은 결국 내가 '숨 쉬는 공간'이다. 기쁠 때도 슬플 때도 숨은 쉬어야 한다. 나는 살아있으니까. 숨을 쉬는 것은 생존을 위해 꼭 있어야 하는 활동이고, 그래서 교실은 내게 꼭 필요한 공간이다. 그곳이 가시방석이든 꽃자리든 더는 중요하지 않다. 나와 학생들이 함께 살며, 사랑하며, 배워가는 공간. 교사인 나는 매정한 사회에 첫발 디디게 될 학생들을 단단하게 성장시키고, 학생인 그들은 나를 더 좋은 인간이 되도록 성장시키는 공간. 나와 네가 사실은 별로 다르지 않음을 깨닫고 우리가 공존하는 공간. 그것만으로도 교실은 내게 가장 소중한 공간일 테니까.

✱

더 많은 아이들과 교사들에게
더 자유로운 수업을 할 수 있는
교실이 선사되면 좋겠어.
공간이 사람의 생각과 행동에
영향을 준다고 믿기 때문이야.

✱

나와 학생들이
함께 살며, 사랑하며, 배워가는 공간.
나와 네가 다르지 않음을 깨닫고 공존하는 공간.

교사로서 어떤 삶을 살기를 원하나요

활활화영

시사경제용어사전에 보면 '10년 법칙'이라는 것이 있다. 특정 분야의 전문 지식에 정통하고 그 분야에서 창조적인 도약을 위해서는 적어도 10년 이상의 꾸준한 관심과 노력이 필요하다는 이론으로 1989년 심리학자 존 헤이스가 처음으로 주장했다. 하지만 10년은 예사로운 시간이 아니다. 10년이면 강산도 변한다는 말이 있다. 자연마저 변하게 만드는 10년, 이 기간이 한 사람의 삶을 결정한다. 10년을 최선을 다해서 살아야 자신이 바라는 그곳에 서 있을 수 있다. 즉, 자신이 속한 직업 세계에서 최정상의 자리에 올라 전문가가 될 수 있다.

그렇다면 과연 교사에게 있어 10년은 어떤 의미를 가질까? 교직발달단계에 관한 이론들을 살펴보면 10년 차 교사는 전문가로서의 성장을 추구하고, 자신의 직무에 애착과 열정을 쏟으며, 그동안의 경험을 심화시켜 학교 내에서 중추적인 역할을 수행한다고 한다. 또한 교사로서 높은 자질을 갖추게 되고 학급 경영, 교수 활동이 자연스럽게 내면화되어 교직 생활 전반에 안정감을 보이게 된다고 한다.

그렇다면 17년 차 교사인 나는 어떠한가? 위에서 언급한 내용 중 나에게 해당하는 것은 올해 1학년 부장이라는 무거운 직책을 맡게 된 것과 열정을 쏟으며 교직에 임하고 있다는 점이다. 교사로서 높은 자질을 갖추고, 학급 경영과 교수 활동이 자연스럽게 내면화되도록 부단히도 애를 쓰고 있다. 그러나 여전히 교사로서 허점이 발견되고, 학급 경영과 수업을 잘하기 위한 노력이 필요하다. 신규 교사일 때 내 눈에 비친 10년 차 선배들은 학생 지도에 전혀 어려움이 없으며 학교의 모든 업무 처리에 능통한 신처럼 보였다. 그리고 나 또한 10년 차가 되면 그러한 삶을 살 수 있게 되리라 굳게 믿었다.

하지만 왜 나는 10년 동안 교직 분야에 꾸준한 관심과 노력을 기울였는데도 그렇게 되지 못했을까? 이것은 비단 나에게만 국한되는 것은 아닌 듯하다. 적어도 내 주변에 많은 10년 차 교사들이 정도의 차이는 있겠지만 학교와 교실에서 좌절하고 실패를 경험하며 고군분투하고 있다. 10년 법칙은 왜 교사에게는 통하지 않는 걸까?

그 이유는 첫째 우리가 만나는 학생들에게 있다. 교사는 변화무쌍한 학생들과 매 순간 함께한다. 학생들은 급격하게 변화하는 현대사회의 최전선에서 그 누구보다 빠르게 변화하고 있다. 물론 교사도 함께 변화한다. 하지만 교사의 변화 속도는 학생들을 따라잡기에 역부족이다. 그리고 그 속도의 차이는 교사의 연차가 누적될수록 더 벌어지게 된다. 그래서 교사는 학생들과 함께하는 시간이 쌓일수록 이들을 이해하고 소통하기 위한 정의적 전략으로 대처할 수밖에 없다. 그런데도 교사가 학생들의 속도와 발을 맞추기에는 턱없이 부족하다.

두 번째는 교사에 대한 높은 사회적 요구에 있다. 우리나라 국민이 교육에 대해 가지는 관심은 지대하다. 그도 그럴 것이 자원도 부족한 작은 땅덩어리에서 우리가 기댈 것은 오직 인재 양성뿐이며, 교육과 직·간접적으로 관계되지 않는 사람은 거의 없기 때문이다. 그 결과 우리 사회에서 요구하는 교사의 책무와 역할은 심히 막대하다. 이것은 곧 교사의 업무량으로 이어지는데 내가 교사가 된 이후로 매년 새롭게 추가되지 않은 일이 없다. 파견으로 잠시 학교를 떠난 2년 동안에도 어김없이 학교에는 이전에는 없던 많은 일이 추가되어 있었다. 물론 학생들을 위한 일이기에 모든 교사가 기꺼이 감내하고 있지만 때로는 너무 과한 업무량에 교사도 지칠 때가 있다.

10년 법칙이 교사에게 통하지 않는 이유를 안다고 해도 이것이 해결로 이어지지는 않는다. 왜냐하면 이것은 교사의 노력만으로 극복할 수 있는 문제는 아니니까. 다만 이것을 인지하여 나 혼자만의 어려움은 아니며 우리 교사만의 문제도 아니라는 것을 알고, 열심히 살아가는 대한민국의 교사들이 스스로를 탓하지 않기를 바랄 뿐이다.

이제 나는 더 이상 10년 법칙을 꿈꾸지 않는다. 어쩌면 처음부터 10년 법칙이라는 것은 없는 것일지도 모른다. 자기 삶에 최선을 다하고 끊임없이 노력하는 사람에게 완벽이란 없으니까. 수많은 교사와 상담을 진행한 전문상담사 분과 대화를 나눌 기회가 있었는데, 그분께서는 교사의 대다수가 완벽주의 성향을 지니고 있다고 말씀하셨다. 아마 교사들은 자신이 10년 법칙을 달성하고도 이를 인지하지 못할 만큼 더욱 강도 높은 완벽을 추구하고 있는지도 모른다. 나 또한 마찬가지이다. 내가 평생 이 일을 할 수 있다 하더라도 교사로서 만족할 만한 수준과 성취에 도달할 수 있을 거라고 기대하지 않는다. 그러하기에 다만 내가 만나는 학생들이 나로 인해, 그리고 내가 학생들로 인해 더불어 무사(無事)한 삶을 살기를 소망할 뿐이다.

내가 원하는 교사로서의 삶은 다만 한가지면 족하다. 교사로서 나는 '학생들과 내가 무사(無事)한 삶'을 살고 싶다. 무사한 삶이란 '일상의 삶'이다. 나와 학생들이 아침이면 학교에 올 수 있고, 수업 시간에는 서로 얼굴을 마주하고 웃을 수 있고, 시간이 흘러 학교를 떠날 때가 되면 서로 아쉬움에 눈물 흘리는 삶 말이다. 일상적인 삶을 살아가는 것이야말로 가장 행복한 일이 아니던가. 몸과 마음이 건강하게 별탈 없이 가족들과 함께 지내기를 바란다. 관점을 달리하면 어쩌면 이것이 10년 법칙이 달성된 삶이 아닐까.

흔히 공무원의 문제점을 거론할 때 가장 많이 언급되는 것이 무사안일주의이다. 내가 바라는 무사는 이것과는 전혀 다르다. 나는 교사로서 창의적으로 수업을 설계하여 실천하고, 내가 맡은 업무를 능동적으로 처리한다. 이러한 노력이 누적되어 내가 만나는 학생들과 나 자신이 평안하였으면 좋겠다. 단기간에 실시되는 보충수업이든 매 학기 수업이든 나는 항상 학생들과의 마지막에 다음과 같은 말을 전한다.

"얘들아, 선생님은 내가 만난 모든 학생이 다 잘 되기를 기도한다. 그래서 너희들도 꼭 자신이 바라는 대로 잘 될 거야."

나는 오늘도 어제와 같은 일상에 감사하며 행복한 교직 생활을 이어 나간다.

마나미나

친구와 shut up이란 표현을 이용해 한참을 이야기한 적이 있다. 둘 다 수업 시간에 앞뒤 안 보고 에너지를 다 쓰는 편이라 몸이 점점 안 좋아지고 있던 시절이었다. 체력적으로도 힘들었고 그만큼의 효율도 없었다. 교사가 최선을 다해 수업 시간을 채운다는 것은 겉으로는 좋아 보이지만 실제로는 그렇지 않다. 반대로 학생들의 에너지가 들어올 공간이 부족하다는 뜻이기 때문이다. 친구와 서로 "shut up!"을 말하며 웃기지만 웃기지 않은 이야기를 했다. 수업 시간을 알차게 채우려는 과한 책임감에 홀로 힘들어했다는 것을 알게 된 고마운 순간이었다. 비워내야 했다. 시간적으로든 공간적으로든 학생에게 내어줘야 했다. 학생을 위해서 그리고 나를 위해서 수업 시간이 내 것이 아니라 학생의 시간임을 인정해야 했다. 대화의 끝에 우리는 서로를 보며 부디 "shut up!" 하자고 외치며 다짐했다. 그리고 편안하게 웃었다.

내 수업 시간이 카페에서 "shut up!"을 외치던 그 순간과 닮은 시간이면 좋겠다. 뼈 때리는 말도 하겠지만 결국엔 함께 외치며 가슴에 뭔가를 새기는 시간. 커피 한 잔 시켜

놓고 서너 시간 떠들며 각자의 개똥철학을 이야기하는 그런 시간이면 좋겠다. 교사와 학생이 그런 느낌을 함께 가질 수 있다면 얼마나 행복할까. 마음과 마음이 만나는 시간이 아닐까. 아마도 나는 학생과 대화하며 지내고 싶은가 보다. 할 수 있다면 학생과 우정을 나누고 싶은 모양이다. 다소 이상적일지라도 실현되지 못할 꿈 하나쯤은 가슴에 묻고 살고픈 욕심을 내 본다.

수업은 학생들뿐만 아니라 나에게도 배움의 시간이자 수련의 장소이다. 많이 노력하지만, 쉽게 변하지 않는 것이 인간이다. 그 후로 수업 시간에 내가 입 다무는 시간이 1년에 1분씩 줄어든다. 지금보다 더 생각하고 더 비워내야 한다. 채우는 것보다 비우는 것이 내겐 더 어렵지만 그래도 1년에 1분씩 수업 시간에 여유가 생겨서 감사하다. 앉아서 물도 마셔보고 학생들의 표정도 관찰해본다. 그 1분이 느껴질 때마다 혼자 뿌듯해하며 즐긴다. 내가 계획한 수업이지만 학생과 함께하는 시간이다. 앞으로도 교실에서 소소한 일상의 여유와 행복을 놓치지 않고 느끼며 살고 싶다.

교사는 수업을 통해 전하고 싶은 메시지를 전한다. 올해 학생들은 자신의 감정을 잘 읽어내지 못해 힘들어한다. 그래서 2학기 영어 수업에 애니메이션 'Inside Out'을 사용해볼까 생각 중이다. 이 영화는 인간의 다섯 가지 감정(기쁨, 슬픔, 까칠, 두려움, 화)을 캐릭터로 만들어 사춘기 아이의 감정을 더 생생하게 볼 수 있도록 하였다. 수업 자료로 쓰기 위해 대본을 다시 읽고 있는데 '슬픔이'의 대사가 많이 와닿는다. 친구가 슬퍼하는 것이 슬퍼서 그냥 같이 울었다는 말에서 슬픔이 타인을 공감하고 위로해주는 감정선 상에 있다는 것을 알게 되었다. 이 부분을 학생들과 함께 이야기해보고 싶다. 사춘기 학생이 겪는 혼란과 슬픔이 거추장스럽거나 없애고 싶은 감정이 아니라 삶에서 꼭 필요한 감정임을 알게 해주고 싶다. 그래서 학생이 슬픔을 느낄 때 좀 더 자연스럽게 받아들일 수 있도록 도와주고 싶다. 수업을 통해 이런 대화를 할 수 있을까.

머릿속에서 수업에 대한 이런저런 고민이 계속된다. 어쩌면 교사는 학생을 끊임없이 짝사랑하는 역할을 맡은 건지도 모른다. 마음에 드는 포지션이다. 물론 서러울 때도 있고 외로울 때도 있지만 그래도 우선 상대의 허락을 받지 않고 사랑을 시작할 수 있으니 자유롭다. 학교에 학생이 없을 리도 없다. 짝사랑 열심히 하라고 교사는 월급을 받는다. 힘든 길이니 가는 길에 국밥 한 그릇 하라고 주는 돈 같다. 돈 받고 하는 짝사랑이라 순도 100%를 자랑할 순 없겠지만 월급을 받을 때마다 스스로 던지는 질문으로 순도를 높이려 애쓴다. 나는 돈값을 하는 교사인가. 나는 학교생활에 만족하는 교사인가. 내 마음은 이번 달에도 무리하지 않고 잘 움직였는가.

운이 좋으면 학생이 배움을 시작하는 것을 간간이 볼 수 있겠지만, 교사가 학생들의 배움의 끝을 보는 경우는 거의 없다. 교사와 학생은 늘 배움의 과정에서 만나기 때문이다. 답답하겠지만 끝을 맺고자 하는 마음을 없애야 하는 것도 교사가 해야 할 마음 수련 중 하나이다. '이쯤 하면 이 정도의 결과는 나와야 하지 않을까'란 생각을 하는 순간 교사도 학생도 배움의 과정을 이탈하게 된다. 고백하건대 학생들이 답답하게 느껴질 때마다 내가 속으로 했던 질문이었다. 수련이 덜된 그 말이 지금 내게 다시 돌아와 부끄럽게 한다. 이미 뱉은 말은 어쩔 수 없다. 부끄러워하고 마음을 다시 다듬어서 내일 학교에 가야 한다. 어제보다는 좀 더 나은 모습을 보이려 애를 쓰겠지. 학교는 내게 직장이자 배움터이다. 살다 보면 느낄 수밖에 없는 부끄러움이 밑거름되는 삶을 살고 싶다. 내 완벽하지 않음이 학생들에게 자연스럽게 보이길 바란다.

수업 시간에 나는 교사이자 학생이다. 학생들도 나에겐 교사이자 학생이다. 수업 시간이 서로를 보며 배울 수 있는 시간이 되길 바란다. 혼자 모든 것을 하려는 마음도 버리고 학생과 함께하는 시간을 만든다. 그들의 배움 속에 나의 배움이 함께하면 좋겠다. 같은 공간에서 함께 이야기하며 서로의 마음이 움직이는 것을 느끼는 경험의 장소. 나는 그런 곳에서 살고 싶다.

학생들을 위한 일이기에
모든 교사가 기꺼이 감내하고 있지만
때로는 너무 과한 업무량에
교사도 지칠 때가 있어.

나는 학생과 대화하며 지내고 싶어.
할 수 있다면
학생과 우정을 나누고 싶은가 봐.

마지막 수업은 어떻게 하고 싶나요

마나미나

교실 문을 열면 학생들이 내 쪽으로 고개를 돌린다. 고개를 한 번 끄덕이곤 씨익 웃는다. 나는 시답잖은 잡담으로 시비를 건다. 그리고 웃는다. 모두 알지만 모두 모르는 척 수업을 시작한다.

마지막 수업을 생각했을 때 떠오르는 장면이다. 시작 부분만 반복적으로 떠오른다. 실제로 2분도 되지 않을 순간이지만 찰나에 모든 것을 담는다. 수업이 시작된다.

교실 문은 내겐 연인의 방문을 여는 것과 같다. 설레지만 두렵고 떨린다. 처음엔 경험이 없어 그러나 했으나 10년 차가 되니 병이 아닌가 싶을 정도다. '언제쯤 나는 교실 문 앞에서 편안해질까'란 질문이 '어떻게 하면 덜 떨릴까'로 바뀐 지 오래다. 30년쯤 열다 보면 조금은 더 능청스러운 손으로 문을 열게 되겠지. 그때가 되면 지금은 성가신 떨림이 귀여움으로 기억되리라 믿는다.

학생들은 10분의 쉬는 시간이 끝났음을 아쉬워하며 무심하게 나를 보고 인사를 한다. 열심히 준비한 50분이지만 아무것도 준비하지 않은 10분이 더 환영받는다는 것은 내 입장에서는 억울한 일이다. 그래도 어쩌겠는가. 학생들의 아쉬움도 나의 억울함도 모른 척할 수밖에 도리가 없다. 그래도 마지막 수업이니 무심한 인사에 약간의 미소는 더해 줄 거라 꿈꾸는 중이다. 뽀송뽀송한 학생들의 웃는 모습이 나는 좋다. 그 웃음을 내게 줄 때 무지 행복해진다.

학생들이 나를 보고 끄덕거린다는 건 말하지 않아도 알고 있다는 뜻이다. 나를 보고 웃으며 내가 너를 좀 안다고 잘난 척하는 중이다. 그럼 나는 잘났다고 타박을 주며 아는 척을 받는다. 서로 히죽거린다. 짧게 지나가는 순간이지만 나는 그런 시간이 좋다. 바쁜 세상이지만 2분이라도 서로의 얼굴을 보고 살아있는지를 살피는 시간이기 때문이다. 마지막은 히죽거림에 약간의 애잔함이 들어가 있으면 좋겠다. 덕분에 행복했었다는 의미면 더 좋겠다.

나는 웃는다. 평소에 잘 우니까 마지막은 울지 않고 웃었으면 좋겠다. 그 웃음에 전날 못 잔 피로감도 털어버리고 스스로 여태 수고 많았다는 뜻을 담았으면 좋겠다. 마지막 수업은 '30년 동안의 나'와 마주하는 시간이기도 하다. 둘이 마주보기 쑥스러우니 학생들이 사이에 끼여 재롱을 부려준다. 나도 또 다른 나도 학생들의 재롱에 긴장됐던 마음이 풀리며 서로를 보고 웃는다. 그리고 수고했다며 고개를 끄덕인다.

마지막은 모두 책상에 엎드려서 5분이라도 잤으면 좋겠다. 평소에 나는 학생들이 수업 시간에 집중하지 못해 엎드리는 것을 보면 많이 속상해하는 편이다. 내 수업이 재미없다는 것을 온몸으로 표현하는 것 같기 때문이다. 여러 가지 이유가 있을 텐데 미처 그것까진 보지 못하는 경우가 많다. 그래서 마지막에는 학생들에게 꿀잠을 선물하고 싶다. 영단어 하나보다 학생들의 힘듦을 이해해주고 다독거려주는 시간을 가지고 싶은 것이다. 아직은 교사로서의 어설픈 욕심이 그런 시간을 허용하지 않지만, 마지막 즈음엔 그런 깜냥은 가지고 있지 않을까.

그리고 학생들 옆에 나도 엎드려서 잘 것이다. 교사라 그러지 못한 것이지 나도 얼마나 수업 시간에 엎드리고 싶었는지 모른다. 함께 엎드려 자는 꿀잠으로 마무리하고 싶다. 인생은 한여름 밤의 꿈이라 했다. 마지막 수업을 맛있게 꿈꾸며 자고 일어나서 씩씩하게 걸어 나오리라 다짐해본다.

끝맺음에 관한 생각은 아직 철이 덜 든 나에게는 제법 무겁다. 진짜 그날 나는 웃으며 나올 수 있을까. 마지막 날은 정해져 있지만, 마지막 모습은 알 수도 없고 정할 수도 없다. 제법 괜찮은 날이었으면 좋겠다는 바람만 있을 뿐이다. 잘 마무리하기 위해서는 지금 나는 뭘 해야 하는 걸까. 어쩌면 이 질문은 현재의 내 모습을 살펴보라는 숨은 의미를 내포하고 있는 건지도 모르겠다. 글을 쓰면서 내가 지금 잘 살고 있는지 계속 떠올랐기 때문이다. 진심으로 살고 있는지 즐기며 살고 있는지 살펴본다.

하루가 모여 1년이 되고 30년이 되지 않는가. 그렇다면 마지막 수업이 지금 나의 수업과 연결될 것이란 뜻은 아닐까. 생각이 여기까지 미치니 한결 마음이 가벼워진다. 막연했던 어떤 것이 구체적으로 바뀌는 느낌이다. 현재의 수업이 마지막 수업이 되어도 좋다는 생각이 들 때 마지막 수업에 대한 계획을 다시 하나씩 그려갈 것이다.

그 수업 속에 내가 미리 그려둔 장면도 포함이 되겠지. 퍼즐 조각 맞추듯이 마지막 수업을 맞춰본다. 50분 수업에서 처음 2분과 마지막 5분이 완성됐다. 남은 43분의 시간은 어떻게 그려질까. 그리고 현실의 마지막 수업은 미리 준비할 50분과 어느 정도 닮았을까. 궁금하지만 답할 수 없는 질문은 그대로 남겨 놓는다. 웃으며 맞이할 수 있는 마지막을 꿈꾼다. 오늘도 파이팅이다.

활활화영

2044년 8월 31일, 내일이면 학교를 떠난다. 2학기가 시작되고 학생들을 다시 만난 지 얼마 되지 않았는데 작별해야 한다니 아쉬움이 앞선다. 2006년 3월 1일 학교에 첫 발을 내디딘 이후 어언 39년이 흘렀다. 39년의 교직 생활이 주마등처럼 내 머릿속을 스쳐 간다. 설마 이날이 올까 하였는데 막상 맞닥뜨리고 보니 실감이 나질 않는다. 40년 가까이 출근했던 학교를 내일부터는 나오지 않아도 된다……. 홀가분하고 좋기만 할 줄 알았는데, 슬픔이 앞서는 건 왜일까? 나는 당장 모레부터는 무엇을 하며 시간을 보내야 할까? 아버지처럼 노인 대학을 나가야 하나, 텃밭을 가꾸어야 하나, 제2의 직업을 찾아볼까? 아직은 모르겠다. 일단은 늦잠이나 실컷 자면서 그 이후의 삶을 생각해 보아야겠다. 그건 그렇고 우선은 당장 내일 수업이 걱정이다. 교사로서 나에게 주어진 마지막 일인데, 나의 뒷모습이 아름다웠으면 하는 바람이다.

나의 마지막 수업 주제는 '행복, 너의 이름은'이다. 일본 작가 무라카미 하루키는 한 수필집에서 행복을 '갓 구운 빵을 손으로 찢어 먹는 것, 서랍 안에 반듯하게 접어 넣은

속옷이 잔뜩 쌓여 있는 것, 새로 산 정결한 면 냄새가 풍기는 하얀 셔츠를 머리에서부터 뒤집어쓸 때의 기분'이라고 정의하였다. 이처럼 일상적인 삶 속에서 행복은 언제나 존재한다. 우리 사회가 행복, 행복한 삶에 관한 관심이 높아지면서 어떤 삶이 행복한 것인가에 대한 고민이 많아졌다. 그러나 정작 입시와 학업 스트레스, 경쟁 속에 살아가는 학생들은 자신의 행복에 대해 생각할 여유가 없다. 그래서 나의 마지막 수업을 통해 학생들이 자신만의 행복을 찾아보고 행복의 기준을 성찰해보며 행복한 삶을 설계해보는 시간을 가지고자 한다.

마지막 수업의 활동명은 '나의 행복을 찾아서 미래 신문 제작하기'이다. 수업의 도입부에서 제이레빗의 'Happy things'를 들려준다. '유난히 사람이 많은 출근길 딱 내 앞에서 자리 났을 때, 힘도 안 줬는데 쾌변했을 때, 공부 안 했는데 백 점 받았을 때' 모두 행복한 순간을 노래한 가사이다. 처음에는 피식하겠지만 곰곰이 생각해보면 누구나 일상에서 저런 순간을 종종 경험하게 되고, 그때마다 소소한 행복을 느끼며 살아가고 있다. 이 노래처럼 학생들이 각자 가장 행복한 순간을 떠올려 보며 수업의 문을 연다.

첫 번째 활동은 '지금 나의 행복 표현하기'이다. 학생들이 자신만의 행복의 의미와 기준을 찾을 수 있도록 활동지를 구안한다. 총 5가지에 대해 각자 생각하고 이를 활동지에 기록한 후 모둠별로 서로의 생각을 나누어 본다. 나 자신, 내가 가장 아끼는 것, 성공했던 경험, 내가 가장 잘하는 것에 대해 적어본다. 마지막으로는 무언가 성취했을 때의 느낌과 기분을 그림으로 표현해본다. 학생들이 지금 나의 행복을 떠올리고, 이를 모둠원과 나누며 행복하길 바란다.

두 번째 활동은 '나의 행복한 미래 신문 제작하기'이다. 자신의 꿈과 미래를 진지하게 고민하여 행복한 미래를 설계한 뒤 이를 신문 형식으로 나타내 본다. 학생들이 자신의 행복한 미래 신문에 싣고 싶은 기삿거리를 작성하여 스케치북에 자유롭게 표현해본다. 이때 신문의 이름, 발행 일자, 기사 제목 등을 넣어 실제 신문처럼 제작하여 교실에 전시해둔다. 이는 일종의 공개 선언 효과인데, 한국 가수 최초로 그래미 후보에 이름을 올린 방탄소년단은 그래미 시상식에 가겠다는 말을 평소 입버릇처럼 말하고 다녔다고 한다. 학생들이 자신이 직접 설계한 행복한 미래를 신문으로 게시해두면 이것이 내적 동기가 되어 현재의 삶을 살아가는 큰 동력이 될 것이다. 교실 벽에 부착한 학생들의 행복한 미래 신문은 갤러리워크로 감상한다. 그리고 잘된 점, 궁금한 점, 응원의 메시지 등을 포스트잇에 적어 신문에 부착함으로써 서로의 생각을 나눈다. 갤러리워크란 마치 미술관에서 작품을 감상하며 걷는 것처럼 교실을 돌아다니며 각 모둠 또는 개인이 도출한 결과물을 살펴보는 활동이다. 주로 수업의 정리 단계에서 구성원 전체가 수업 결과물을 서로 공유하고 피드백하기 위해 실시한다.

마지막으로 학생들에게 이 말을 전하고 수업을 마무리한다.

"행복한 사람은 항상 노력하는 사람입니다. 게으른 사람은 행복하게 살 수 없습니다. 노력 없이 헛되이 얻은 성과는 참된 행복을 줄 수 없으니까요. 행복은 흘린 땀에 정비례한다는 것을 항상 기억하세요. 그동안 감사했습니다."

아이유는 23살에 혼란과 불안의 '스물셋'을, 25살에는 성장과 받아들임을 상징하는 '팔레트'를, 28살에는 무력감과 그리움을 나타내는 '에잇'이란 곡을 발매했다. 아이유의 노래에는 매년 나이마다 달라지는 자신에 대한 기록이 담겨 있다. 자신의 변화하는 삶을 노래로 기록하는 아티스트의 삶이 참 부러웠다. 하지만 돌이켜보면 나 또한 첫 번째,

두 번째 책을 통해 그 당시 교사로서의 내 삶을 고스란히 담아내었다. 불과 1년 차이지만 두 책 속에 담긴 교사로서 내 삶의 양상, 감정, 생각들은 너무도 달랐다.

세 번째 책을 쓰며, 특히 이 마지막 질문에 답하며 정말 많은 생각을 하게 되었다. 그러다 불현듯 궁금해진다. 10년 후, 5년 후, 아니 1년 후의 나는 마지막 수업을 어떻게 하고 싶을지. 분명히 그때의 나는 지금의 나와는 또 달라져 있을 것이다. 하지만 변하지 않은 한 가지는 그것이 언제가 되더라도 나는 내 마지막 수업에 진심으로 임할 것이며, 그 순간이 오기 전까지 내 자리에서 묵묵히 노력하는 교사로 살아갈 것이다.

지금까지 서화영의 '마흔'이었습니다.

현재의 수업이
마지막 수업이 되어도 좋다는 생각이 들 때
마지막 수업에 대한 계획을
다시 하나씩 그려갈 거야.

마나미나

활활화영

행복한 사람은 항상 노력하는 사람이야.
노력 없이 헛되이 얻은 성과는
참된 행복을 줄 수 없으니까.
행복은 흘린 땀에 정비례한다는 것을 항상 기억해.

선생님에게 교사 이후의 삶이 있나요

재미선아

나는 죽음이 늘 곁에 있다는 걸 자주 느끼는 편이다. 그래서 인생사 뭐 있나 싶은 치기 어린 마음에 마음대로 살아보고 싶은 충동에도 자주 사로잡힌다. 그런 생각이 불쑥 올라올 때는 화가 나기도 한다. 누가 나에게 심어줬는지는 몰라도 '열심히 살면 언젠가는 좋은 날이 온다.'와 같은 어떤 암묵적인 진리가 가까운 이의 죽음을 목격하고 나면 다 거짓인 것만 같기에 그 누군가를 향해 대들고 싶어지는 것이다. 내일 죽더라도 한 그루 사과나무를 심겠다는 뻔하디뻔한 말은 한낱 범인인 내가 할 말은 아닌 것 같다. 당최 그렇게 느낄 수가 없는데 어떻게 그런 말을 할 수 있단 말인지.

교사 이후의 삶을 물었는데, 죽음으로 답하다니. 나 좀 독특한 것 같다. 살짝 어긋난 느낌? 하지만 그만큼 내가 내일 살아있을지도 100퍼센트 확신할 수 없는데 몇십 년 후의 삶을 생각하자니 크게 와닿지 않았다. 질문을 보자마자 '죽음'이 떠올랐던 건 그런 이유에서다. 그래도 여기서 글을 끝마칠 순 없으니 퇴직 이후에도 살아있다는 것을 가정하고, 100세 시대를 생각해보며 이야기를 풀어보겠다.

'읽는 사람'으로 30년 가까이 살았다. 가끔은 '많이 읽는 사람', 때론 '적게 읽는 사람'이었지만 단 한 번도 '읽지 않는 사람'이지는 않았다. 그만큼 나는 '읽기'를 좋아한다. 구체적으로 '독서'라고 한정하지 않은 것은, 햇살 좋은 날 유명한 유적지를 방문해서도 대부분의 사람은 읽지 않고 지나치는 유적지의 유래 하나하나까지, 단 한 글자도 놓치지 않고 다 읽는 사람이 바로 나이기 때문이다.

이런 사람을 '활자 중독'이라고들 하던데, 그 말이 정확하지 싶다. 나는 활자 중독에 이야기 중독이라고 할 수 있다. 끊임없이 읽고 또 읽는다. 구체적으로는 소설을 가장 좋아한다. 추리소설, 역사소설, 로맨스 소설 등 가리지 않고 다 읽는 잡식파다. 1년에 100권 정도 책을 읽는데 그중 소설이 절대다수를 차지한다. 소설 속에는 인간이 있기 때문이다. 다양한 인간 군상들의 이야기가 나를 한 뼘 더 성장시킨다. 세상에는 이런 일이 있을 수 있구나, 이런 사람도 있구나. 도무지 이해할 수 없었던 사람을 이해하는 계기가 마련된다. 풀릴 것 같지 않아 며칠을 고민하던 일들이, 어떤 소설의 한 문장을 계기로 실마리가 잡힌다. 그때의 그 쾌감이란. 내가 끝없이 읽고 또 읽는 이유다.

많이 읽다 보면 언젠가 쓰는 사람이 된다는, 쓸 수밖에 없을 거라는 말을 덕담처럼 들었다. 그 말을 듣고는 불현듯 내가 '쓰는 사람'이 되려고 이렇게 '읽는 사람'이 되었나, 하는 어떤 예감 같은 생각이 떠올랐다. 이건 먼저 온 미래라고 할 수 있으려나. 교사 이후의 삶은 사실 아직 30대 중반인 내게 좀 낯선 이야기다. 언젠간 그날이 올 거라고 막연히 믿고는 있지만 좀체 손에 잡히지 않는 이렇게 먼저 온 미래를 한번 상상해본다.

사실 교사 이후의 삶이라고 하면 좀 어불성설이긴 한데, 마흔이 넘어가면 나는 '쓰는 사람'이 되고 싶다. 물론 '읽는 사람'을 놓지 않고서, 때론 '쓰는 사람'이라는 칭호를 덧붙이고 싶은 것이다. 그때도 물론 교사일 테지만 그즈음부터 시작해서 교사 이후에는 '쓰는 사람'을 전업으로 하는 삶을 살고 싶다. '작가'라는 말은 좀 쑥스러워서 붙이기가 어렵고, 굳이 다수에게 이름을 알리는 작가가 아니더라도 그저 나 혼자만 아는 글이라도, '쓰는 사람'이 되고 싶다.

지금은 일기조차 쓰지 않고 그저 읽은 책을 정리하며 독후감 수준의 글만을 쓰는 내가 어째서 마흔 이후에는 제대로 된 글을 쓰겠다는 건지 좀 우습기도 하지만, 내가 정해놓은 마흔이란 나이가 될 때까지는 최대한 읽고 또 읽으며 차곡차곡 생각을 저장하고, 또 가다듬고, 그 이후부터는 쓰는 삶을 병행하고 싶다. 왜 굳이 마흔이냐고 물어본다면 사실 답을 하기가 어렵다. 그저 아주 어릴 때부터 그랬다. 나중에 어떤 직업을 가지고 있더라도 마흔쯤 되면 작가가 되겠다고 다짐했다. 마흔이라는 나이는 그래도 이제는 인생을 좀 알 거라고 생각하게 되는 나이였다. 근데 30대 중반인 지금 내 정신 상태를 보니까 마흔이 되어도 별반 다르지 않을 것 같다. '마음은 청춘'이라는 말은 정말 맞는 말이다. 마음은 그대론데 몸만 늙는다는 것. 그러니 마흔이 되어도 세상사 뭘 알겠나. 아니, 죽을 때까지 인생에 대해 다 아는 일이 가능하기나 한 걸까.

사실 이 책에 함께 참가해보지 않겠냐는 말을 들었을 때 글솜씨가 없는 내가 과연 여러 편의 글을 쓸 수 있을지 너무 걱정이 많았다. 그렇지만 참가하기로 마음을 먹었던 것은 언젠가 쓰는 사람이 되고 말겠다는 다짐 때문이었다. 그즈음은 핸드폰 메모장에 섬광처럼 스쳐 지나가는 생각들을 메모하고 있을 때였다. 메모가 차곡차곡 늘어가면서 은근한 자신감이 생겼다. 그래, 비록 지금은 단 하나도 정제되지 않은 생각이지만, 계속 쓰다 보면 좀 더 나아질 거야. 종래엔 결국 쓰는 사람으로 죽을 거야.

아주 어릴 적 나와의 약속은 꼭 지키고 싶다. 내가 만든 등장인물들이, 내가 만든 세상 속에서 자유롭게 유영하는 모습을 지켜보겠다. 다양한 인간의 모습을 나만의 독특한 목소리로 서술하고, 그들이 삶을 열심히 살아내는 모습을 통해 위로받고 싶다. 쓰는 사람이 되어 내 삶을 더 사랑하고 싶다. 그리고 욕심을 좀 내어본다면 많은 사람에게 위로가 되는 글을 쓰고 싶다.

매뉴얼에는 '끝이 뭉툭한 것으로 찌를 것! 특히 바늘은 절대 금지!'라고 적혀있었는데 뭉툭한 것으로 해보다 도저히 안 돼서 바늘로 하자마자 순식간에 해결이 될 때의 그 허무함이란. 일부러 반어법을 쓴 것인가, 국어 선생다운 추측을 해보기도 하고, 때론 매뉴얼을 따르지 않는 삶이 목표에 더 쉽게, 빨리 갈 수도 있다는 생각도 해본다. 그래, 마흔은 무슨 마흔. 인생을 잘 모르겠는 건 어차피 30대 중반이나 마흔이나 여든이나 다 같아. 내가 마음대로 정해놓은 내 마음속 매뉴얼을 깨부수고, 오늘부터 쓰는 사람이 되어볼까나. 자자, 배경은 언제? 등장인물은 몇 명? 아니, 일단 장르를 정해볼까? 추리? 로맨스? 상상만으로도 가슴이 벅차다. 분명한 것은, 교사 이후의 삶도 교사의 삶만큼 많이 힘들고, 울고, 행복할 것이라는 것. 그거면 된다는 것.

아람민영

미래에 관한 질문은 막연하다. 떠올리면 아스라하게 멀어지고 부서지는 먼 파도 같은 장면밖에 생각나지 않는다. 아직까지 남들은 쉽게 눈치 채지 못해도 본인은 인지하게 되는, 신체 곳곳의 노화를 마주할 때마다 막연히 노년의 삶이 걱정될 때도 있다. 차라리 어릴 때는 상상하기가 어렵지 않았다. 그 상상은 즐거운 공상과도 같았으니까.

한때는 은퇴 이후의 삶을 물으면 '도서관에서 그림책 읽어주는 할머니'가 되고 싶다고 말하던 적이 있었다. 아이들에게 책을 읽어주고, 책을 읽는 내 목소리에 귀를 기울이는 아이들의 눈빛을 상상하며 친절한 할머니가 된 내 모습을 상상해보곤 했다. 어릴 때부터 나는 아이들과 노는 게 참 좋았다. 사촌 동생들과 함께 놀아주는 걸 무척이나 즐기던 아이였다. 엄마가 되고 나서 가장 즐거웠던 것이 아이들과 맘껏 노는 일이었다. 아이를 재우면서 이런저런 새로운 이야기를 마음대로 창작해서 들려주면 아이들은 눈을 반짝이며 이런저런 질문들을 하곤 했다. 이야기가 꼬리에 꼬리를 물고 이어져 우리의 밤이 너무 깊어가는 게 아닐까 걱정될 때쯤, 아이는 새근새근 내 목소리를 자장가 삼아 잠들곤 했다. 같이 뭔가를 오리고 붙이고 만드는 것도 즐거웠다. 꼭 해야만 하는 의무적인 일들을 생각하지 않고 그저 아이들과 함께하는 활동에 몰두하는 순간이 즐거웠다. 그럴 때마다 나는 나이가 들어도 계속 아이들과 놀고 싶은 나의 욕구를 발견하곤 했다.

그런데 막상 이 글을 쓰려고 하니 어떤 미래가 나에게 다가올지 잘 가늠이 되지 않았다. 미래를 생각할 겨를도 없이 지금을 사는 데 급급한 것은 아닌가 생각해보기도 했다. 그러면서 혼자 피식 걱정도 해봤다. 머리가 희끗해진 내가 있다. 이가 빠지고 시력까지 안 좋은데 책에 쓰인 글자도 잘 보이지 않는다. 글자를 잘못 읽어서 엉뚱한 이야기를 들려준다. 아이들이 젊고 친절한 다른 사람 곁으로 달려가 버린다. 악, 나만 우두커니 혼자 남은 거야? 이건 너무 쓸쓸하잖아! 이런저런 상상들이 나래를 펼치다 펑 터져 버리고는, 다시 또 현재로 돌아와 멈춘다.

그러던 어느 날, 귀엽고 유쾌한 그림책을 만났다. 라이브 방송에서 평소 좋아하는 번역가 선생님의 새 그림책 작업 소식을 접한 것이다. 번역가님께서는 다비드 칼리의 신작 그림책 제목을 무엇이라 붙일지 고민하고 계셨다. 그림책의 원제는 《Ora o mai più(Now or Never)》인데 '지금 아니면 절대', '지금 아니면 언제' 정도를 생각해보셨다고 했다. 그림책 표지와 원제를 살펴보니 제목을 어떻게 번역하면 그 의미가 잘 살아날 수 있을까 고민이 되었다. '현재'의 소중함을 강조해야 할 것 같은데, 과연 어떤 제목이 자연스럽고 좋을까?

이후 한 달쯤 지났을까. 서점에서 바로 그 책을 마주할 수 있었다. 《인생은 지금》이라는 제목으로! 제목만 보아도 느낌이 왔다. 그래, 인생은 지금이지!

우리는 평소 너무나 많은 것을 유예하며 살아간다. 오늘은 일이 너무 많아, 그건 내일 하자. 우리 다음에 여행 꼭 같이 가자. 그래, 우리 다음에 꼭 만나자. 우리 다음에, 다음에….

그림책에는 일만 하느라 하고 싶었던 인생의 버킷리스트들을 미뤄온 남성이 나온다. 그 남성 곁에는 이제 더 이상 새로운 모험을 하고 싶지 않은 여성이 있다. 은퇴한 남성은 하고 싶은 일이 정말 많다. 그가 펼쳐놓는 다양한 버킷리스트를 보면 '와, 이제껏 이 많은 걸 다 참고 살았어?' 싶을 정도로 다양한 욕구가 등장한다. 자유롭게 떠나는 여행부터 외국어 공부, 악기 연주와 요리 배우기, 호수에서 즐기는 낭만적인 밤낚시, 하루 종일 풀밭에 누워 하늘 보기, 숨이 찰 때까지 달리기, 강물에 뛰어들기, 사랑한다고 외치기…. 그런데 그림책에 그려진 남성은 머리카락도 많이 줄어들고, 배가 나오고, 얼굴에 주름이 진 할아버지의 모습이다. 뭔가를 하고 싶은 할아버지 곁에서 내내 시큰둥한 태도로, 설거지를 해야 한다, 허리가 말짱하지 않다, 청소를 마저 해야 한다며 툴툴거리는 할머니. "하자"는 할아버지와 "지금 말고 내일"이라는 할머니의 대화가 마치 2인극의 팽팽한 줄다리기처럼 이어진다. 두 사람의 관계와 이후의 삶은 어떻게 전개될까?

이 귀여운 그림책을 보며 나는 조금 가벼워지기로 했다. 나는 나에게 말을 건다. '더 가벼워지고 더 편안해져도 괜찮아. 오래 싸매고 걱정한다고 해서 해결되는 일은 별로 없으니까. 차라리 맑은 공기를 쐬며 한껏 달리고 오는 것이 더 도움이 되지 않겠어? 너 지금 어깨에 힘이 너무 많이 들어가 있어. 머릿속엔 스트레스로 가득하고!'

조금 가벼워지자. 조금 더 산뜻해지자. 스스로에게 너무 무게 지우지도 말고, 너무 많은 것을 유예하지도 말자. 하루하루 '인생은 지금'이라는 생각으로 살아가자. 그렇게 조금 유연해지고 가벼워진 마음으로 이 시간을 힘차게 걸어나간다면 어느새 다가올 교사 이후의 삶에서도 나는 허망하지 않게 계속 삶을 살아나갈 수 있지 않을까?

그래서 나는 이 글의 초고를 쓰고 컴퓨터 전원을 껐다. 산책하고 싶다던 아이들의 손을 잡고 가을 햇볕이 내리쬐는 오후를 걸었다. 수목원에는 저마다 다른 모양의 잎을 가진 꽃들이 고개를 빼꼼빼꼼 내밀고 있었다. 열대 온실에서 1.9톤이나 된다는, 커다랗고 신비로운 바오바브나무도 보았다. 나무의 팔 끝이 꿈꾸듯 어린 왕자의 별을 향해 뻗어있는 것만 같은 상상을 하며 아이들의 손을 잡고 걸었다. 흙을 밟고 바람을 느끼며 생각했다. 내 삶의 모든 소중한 순간을 더 힘차게 품고 살아가기 위해 나는 더 건강해져야겠구나, 더 많이 걷고 더 많이 움직이며 내 몸과 마음을 아끼고 사랑해야겠구나.

'지금'을 귀하게 여기고 좋아하는 일을 하며 살아가기. '지금' 곁에 있는 사람의 소중함을 알고 더 많이 사랑하며 함께 하기. '지금'을 소중히 여기는 태도로 '지금'을 살다보면, 언젠가 다가올 그날에도 계속 그때의 '지금'을 소중히 여길 수 있으리라. 무엇을 하겠다는 구체적인 목표를 세우는 것도 좋겠지만, '지금'을 소중하게 여기는 삶의 태도를 이어가는 것 자체가 내 삶에 대한 뜨거운 사랑의 고백이라 믿는다. 교사라는 이름을 벗고 난 이후에도 나는 계속 내가 좋아하는 것들을 하고, 좋아하는 사람들과 함께 지내며 '지금'을 살아갈 것이다. 비록 외양이 달라지고 체력이 떨어지더라도 눈빛만은 형형하게 그날의 '지금'을 즐길 수 있기를. 나는 나의 모든 '지금'을 사랑하기로 한다.

분명한 것은,
교사 이후의 삶도 교사의 삶만큼
많이 힘들고, 울고, 행복할 것이라는 것.
그거면 된다는 것.

'지금'을 소중하게 여기는 삶의 태도를
이어가는 것 자체가
내 삶에 대한 뜨거운 사랑의 고백이라 믿는다.